中国经济文库
应用经济学精品系列

U0962043

物流风险评估及监管机制研究

聚焦港口危化品

周 欢◎著

STUDY ON LOGISTICS RISK ASSESSMENT AND SUPERVISION MECHANISM

Focus on Port Hazardous Chemicals

中国经济出版社
CHINA ECONOMIC PUBLISHING HOUSE
·北 京·

图书在版编目(CIP)数据

物流风险评估及监管机制研究：聚焦港口危化品 / 周欢著. --北京：中国经济出版社，2023.1

ISBN 978-7-5136-7165-1

Ⅰ. ①物… Ⅱ. ①周… Ⅲ. ①港口-化工产品-危险物品管理-物流管理-研究 Ⅳ. ①U695.2

中国版本图书馆 CIP 数据核字(2022)第 223114 号

组稿编辑　崔姜薇
责任编辑　夏军城
责任印制　马小宾
封面设计　任燕飞

出版发行　中国经济出版社
印 刷 者　河北宝昌佳彩印刷有限公司
经 销 者　各地新华书店
开　　本　710mm×1000mm　1/16
印　　张　12.25
字　　数　182 千字
版　　次　2023 年 1 月第 1 版
印　　次　2023 年 1 月第 1 次
定　　价　88.00 元
广告经营许可证　京西工商广字第 8179 号

中国经济出版社　**网址** www.economyph.com　**社址** 北京市东城区安定门外大街 58 号　**邮编** 100011
本版图书如存在印装质量问题，请与本社销售中心联系调换(联系电话：010-57512564)

前　言

2010 年 7 月 16 日，大连港一输油管道发生爆炸事故；2015 年 8 月 12 日，天津港一危险货物仓库发生特大爆炸事故；2019 年 9 月 28 日，韩国蔚山港一艘化学品船发生爆炸事故；2020 年 8 月 4 日，黎巴嫩贝鲁特港发生大爆炸。此类事故，不仅造成了环境破坏和经济损失，还引起了较大的舆论影响，暴露出港口危化品物流中存在较大安全隐患和严重的监管问题，亟须开展有效的风险监督和管理。危险化学品，简称危化品，是一类特殊化学品，具有腐蚀、放射性及易爆、易燃、毒害等特点，且容易在生产、经营、使用和废弃物处置过程中出现对人员的伤害和经济环境的破坏。随着我国工业化进程的推进和化工行业的发展，危化品需求量增加，常应用于多个行业和领域，且通过港口进行中长距离的异地运输情况多，危化品安全管控形势严峻。据交通运输部统计，我国七成左右的危化品通过水路进行运输。港口作为连接水路运输和陆路运输的关键节点，在我国综合交通运输体系中占据至关重要的位置。确保港口物流活动安全是促进港口繁荣和发展海洋经济的基础，更是我国打造“21 世纪海上丝绸之路”的关键。因此，开展港口危化品物流风险研究十分必要。通过对影响港口危化品物流风险的关键因素进行识别和机理分析，可以为港口危化品物流的风险评估提供基础，有效监管港口危化品物流风险，对安全发展港口危化品物流具有重要意义。本书对此进行了一系列深入研究，具体如下：

首先，识别了港口危化品物流风险关键影响因素。通过对港口危化品物流风险特点进行分析，发现影响物流风险的因素众多。针对传统DEMATEL模型过多依赖专家打分的不足，结合聚类分析和BP神经网络方法的优点，构建港口危化品物流风险影响因素识别的CBP-DEMATEL模型，并进行模型仿真，分析了影响港口危化品物流风险的因素的影响程度和分类。选取宁波—舟山港(简称宁—舟港)等15个重要危化品吞吐港口的历史数据进行研究，基于聚类分析对影响港口危化品物流风险因素按属性进行分类，得到影响港口危化品物流风险的相同属性因素分类结果，从而为下一步评估多维风险情景中风险因素耦合的刻画提供基础。利用BP神经网络非线性特点求解影响港口危化品物流风险因素之间的直接关联矩阵，通过计算得到影响因素对港口危化品物流风险的影响程度，可以得到原因型和结果型影响因素，为下一步评估港口危化品物流风险选取关键风险因素指标提供依据。

其次，构建了港口危化品物流多维风险评估的WRT模型。在识别影响港口危化品物流风险因素的基础上，开展港口危化品物流风险评估。借鉴物理—事理—人理WSR理论，风险识别、过滤和排序RFRM理论和情景构建TSS理论，构建港口危化品物流的多维风险评估WRT模型。基于WSR方法论，将风险因素映射到物理、事理和人理三个方面。根据风险因素识别的结果，在RFRM风险过滤理论基础上对风险因素进行分析和过滤。基于TSS情景构建理论，从物理、事理和人理三个方面对风险影响因素进行耦合，构建三维风险情景。选取15个港口进行实证分析，基于风险评估WRT模型分别计算15个港口危化品物流的一维、二维和三维风险大小，点面结合刻画各个维度的风险和整体风险，从局部到整体把握各个港口的风险水平，并找到关键风险源，有效地防范重大风险，同时为政府部门和港口危化品物流企业安全发展提出建议。

最后，构建考虑风险大小的政府和港口危化品物流企业博弈演化模型，研究双方策略演化机理。基于风险评估中刻画港口危险化学品物流风险水平的事故发生率和事故后果严重度，进一步构建考虑政府严格监管概率、事故发生率及事故后果严重度等参数的演化博弈模型。采用复制动态方程刻画不同监管的概率和事故发生率等因素对策略选择的影响过程及规律，并利用 MATLAB 进行模型仿真。研究表明：港口危化品监管中存在“监管悖论”现象，只加大政府严格监管力度，短期会使企业采取设施安全经营策略以应对严格监管；但从长期看，并不能使企业自觉选择设施安全策略。港口危化品物流企业的策略选择与其经营收入无关，而与事故发生率有关。面对低风险，无论政府监管严格与否，企业都会选择忽略风险；面对高风险，即便政府不采取严格监管，企业仍会自觉选择设施安全策略合法经营。基于模型研究的结论，为港口危化品物流风险监管机制的设计提供建议，促进港口危化品物流安全发展。

目 录

CONTENTS

第 1 章

绪论

1.1 研究背景及意义

1.1.1 研究背景

(1)近年来港口危化品事故频发，港口危化品物流风险形势依然严峻

2010 年 7 月 16 日，大连港一输油管道发生爆炸。事故是在卸油过程中，一些操作人员的不当操作引起的，造成1 人死亡，1 人重伤，大连港附近的海域被严重污染。2015 年 8 月 12 日，天津港一家物流公司的危险货物仓库发生爆炸，造成 100 多人死亡和失踪，经济损失达 68.66 亿元。经国务院事故调查组认定，这是一起相关部门违法违规审批许可、日常监管严重缺失引发的重大事故。2019 年 9 月28 日，韩国蔚山港发生重大爆炸事故，一艘化学品船爆炸并引发另一艘化学品船发生火灾，调查显示是船上苯乙烯单体货物引起爆炸，这是近年来罕见的一次巨型化学品船爆炸事故。2020 年 8 月 4 日，黎巴嫩贝鲁特港发生爆炸，原因是港口仓库储存的可燃化学物质中 2 700 吨硝酸铵发生了爆炸。此类事故的发生不仅造成严重的环境污染，还导致巨大的经济损失和引起较大的社会舆论关注，暴露了在港口危化品物流中存在较大的安全隐患和严重的监管问题。

(2)危险化学品(危化品)需求量大，危险性强且管理困难

随着社会生产对危化品的需求增大，以及化工行业的深入发展，我国已成了危化品的生产及消费大国。由于危化品具有易燃、有毒和放射性等特点，因此在生产、经营、使用和废弃物处置过程中都有可能造成重大事故。危化品用途广泛，品类众多，是工业、能源、农业、日化等行业领域

加工生产的原料，和人们的日常生活紧密相关。例如硝酸铵，既是造成贝鲁特港爆炸事故的主要危化品之一，也是引发2015年天津港爆炸事故的主要危化品之一。硝酸铵属于危险化学品，在受撞击或受热时，容易发生爆炸，常用于化肥和化工原料的生产。硝酸铵价格低、制造简单，被广为使用。类似的危化品还有很多，需求量大，且危险性强。因为水运成本低，因而通过水运进行中长距离运输的情况多，使得危化品物流安全管理较为困难。

(3)以原油及其制品为代表的危化品是港口运输的重要货物

港口作为连接水上运输和陆路运输的关键节点，在我国综合交通运输体系中占据着至关重要的位置。港口作为危化品运输较集中的区域，极易发生危险。据交通运输部统计，2015年长江干线危险货物运输量约为1.6亿吨，2019年长江干线危险货物运输量达2.2亿吨。水运是原油等危化品货物运输的重要方式之一，通过水运进行运输的危化品种类繁多。笔者在船载危险货物属性查询平台上查询到5 259条危险货物的属性资料，其中包括性质为易燃易爆的原油及其制品，是通过港口进行运输的重要危化品种类。根据海关统计，2018年原油进口量为4.62亿吨，到2019年增长至5.06亿吨，呈增长态势。因此，安全且有效的危化品运输对保障港口安全有着重要意义。图1.1反映了我国2000—2019年原油进口量。

由图1.1可知，2000年我国原油进口量约占原油产量的30%，2001年有所下降，此后逐步增加，到2019年，我国原油的对外依存度高达73%，我国对国外原油进口的依赖性很高。根据《中国港口年鉴》统计，我国有7个重要油港。根据《国家石油储备中长期规划》，分三个时期进行石油储备，目前已建成天津和舟山等8个重要基地，但与预期的进口量储备规模仍有差距，未来以原油进口量为代表的港口危化品吞吐量仍然较大。

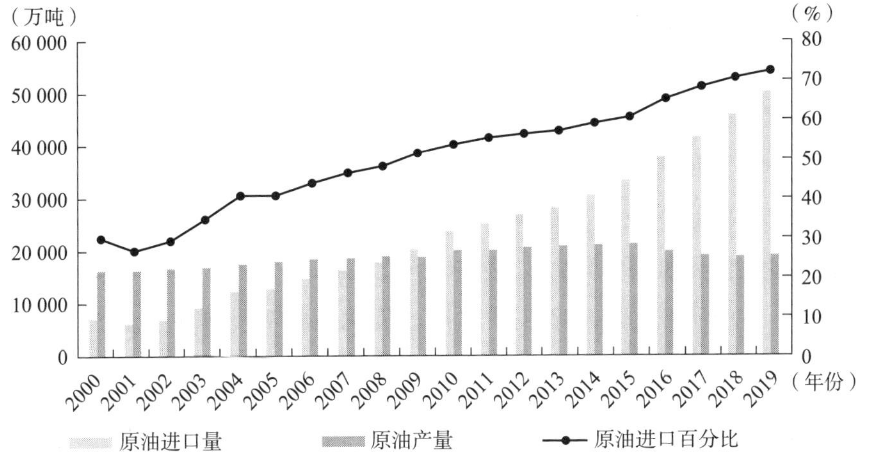

图 1.1　我国 2000—2019 年原油进口量

(4)港口危化品物流安全管理的形势逐步好转，但成效仍未显现

当前，政府和社会对港口危化品物流安全越来越重视。2017 年 7 月，国务院提出要建设“互联网+”高效物流，为开展智慧物流提供基础，大大推进了全行业的危化品物流平台化的建设，通过危化品物流信息平台的统一化和规范化，进一步确保物流安全。2018 年，危化品物流行业基于大数据等得到了进一步发展。由于危化品物流对安全的更高要求，在危化品装卸、存储和船货匹配等多个环节，相较于普通货物，实现危化品物流安全有更多的困难。因此，对其风险的控制十分必要。2020 年 8 月 6 日，交通运输部对危化品物流做进一步指示，在《关于推动交通运输领域新型基础设施建设的指导意见》中对危化品物流提出了相关要求，要求在未来港口建设中实现“危险品全链条监管”这一重要目标，对安全发展港口危化品物流起到了促进作用。

相关部门对危化品的日益关注和规范管理，促进了港口危化品物流的安全发展。但是，近年来仍发生了较为严重的危化品爆炸事故，而且港口危化品物流中多个环节分别由不同的管理部门实施监督和管理，仅危化品物流活动监管就涉及交通运输部、公安部、生态环境部以及市场管理等多个部门，监管较为困难，管理形势仍然严峻。

针对港口危化品物流量较大、风险较多、监管形势严峻等问题，合理开展风险评估，进行重点监管，对促进港口危化品物流安全发展有着重要意义。

1.1.2 研究意义

本书从多维视角开展港口危化品物流风险评估，展现港口危化品物流风险分布，并基于风险评估结果深入研究不同风险探索下政府监管部门与港口危化品物流企业的博弈行为演化，据此设计合理的监管策略，探索港口危化品风险评估方法、港口危化品物流安全相关国家标准制定。因此，本书的研究内容对解决我国港口危化品物流发展中的安全问题有重要意义。

（1）有助于掌握港口危化品物流的发展现状

通过数据收集整理、文献研究及实地调研等多种方式对港口危化品物流现状进行分析，有助于政府和港口管理部门掌握问题，促使危化品物流企业安全发展，为改进港口危化品物流风险管理寻找着手点和政策的参考依据。本书对港口危化品物流的风险进行评估，构建风险评估模型的指标体系，对影响港口危化品物流风险的关键因素进行分析，把握港口危化品物流发展现状，为下一步风险评估提供基础。

（2）有助于识别影响港口危化品物流风险的主要因素

基于港口危化品物流中存在的风险的相关研究，对港口危化品物流过程中存在的风险进行分析和仿真，识别影响港口危化品物流风险的因素和其影响大小，为下一步港口危化品物流风险的评估提供识别影响基础，并为解决实际问题提供参考。本书的研究有助于对港口危化品物流风险关键影响因素做出优选。

（3）丰富了港口危化品物流风险评估方法

通过深入学习文献并结合实际，分析影响港口危化品物流风险的一系列因素；影响因素识别模型的构建和仿真，为关键影响因素的识别和提取提供了较为客观的方法。目前，对于港口的风险评估大多是从单一维度开展的。本书考虑多个方面的风险影响因素并构建多维风险评估模型，结合风险耦合发生情况对港口整体风险的影响，为港口物流风险评估提供了一个新的视角，即从风险影响因素的识别到多维风险评估模型的构建，为港口危化品物流风险的评估提供了新的方法。

(4)从多维情景展现港口危化品物流风险水平

针对港口危化品物流风险影响因素众多，且交互影响，通过识别港口危化品物流风险影响因素，构建港口危化品物流的多维风险评估模型。根据风险评估模型，从多个方面进行风险耦合，展现港口各个风险点，从多个维度进行整合，展现港口的风险状态；从整体视角开展港口危化品物流风险评估，展现港口危化品物流风险分布；由点到面对港口危化品物流风险进行全面认识，多方位展现港口危化品物流风险水平，为港口危化品物流风险评估提供新的思路。

(5)为政府和港口危化品物流企业监管提供参考

基于多维风险评估模型，通过事故发生率和事故损失等对风险进行刻画，进一步引入事故发生率和事故后果严重程度及监管力度等因素，构建考虑风险水平和监管力度的博弈演化模型。通过揭示港口危化品物流的薄弱环节和监管中存在的问题，对港口危化品物流的主体双方(政府和危化品物流企业)之间的博弈行为进行分析，并对策略演化进行仿真分析。基于演化博弈模型结果，如果港口风险水平较高，可以有针对性地采取相对应的较优策略，从而实现有效监管，解决港口危化品物流监管中存在的问题。本书据此设计监管机制，为规避港口重大风险和港口长期安全发展提供支持。

1.2 研究内容与目标

1.2.1 研究内容

第 1 章为绪论。这一部分介绍港口危化品物流风险的研究背景、风险评估和监管的意义，确定从哪些方面入手进行研究，根据研究内容绘制港口危化品物流风险评估及监管机制的技术路线。

第 2 章为相关理论基础与文献研究述评。本章明确了危化品和风险等相关概念和理论，以及港口危化品物流的含义与特点，并通过对港口危化品物流相关文献的回顾和资料查询，从港口危化品风险影响因素识别、风险评估和风险监管三个方面进行研究述评。

第 3 章为港口危化品物流风险现状及特点分析。本章主要基于文献学习和数据收集，对港口危化品物流风险的现状进行梳理和深入分析，发现存在的问题，寻找科学研究问题的着手点，为下一步开展风险评估奠定基础。

第 4 章为港口危化品物流风险影响因素识别。由于影响港口危化品物流风险的因素众多，如何识别主要因素十分关键。因此，本章基于基本 DEMATEL 模型，借鉴聚类分析（CA）和 BP 神经网络对其改进，构建改进的 CBP-DEMATEL 模型，对影响因素集进行识别。对上海港等 15 个港口的历史数据进行模型仿真，识别影响港口危化品物流风险的原因型和结果型影响因素，以及影响因素相似属性的分类，为下一步港口危化品物流风险评估中指标的选取和风险因素耦合的构建提供依据。

第 5 章为港口危化品物流风险评估。本章构建港口危化品物流风险评估模型，并进行实证分析。在第 4 章识别影响港口危化品物流风险因素的基础上进行风险因素的映射和风险过滤，构建港口危化品物流风险的指标体系；针对港口危化品物流风险管理中风险影响因素众多和交互影响的复杂性，构建多维风险评估模型，对上海港等 15 个港口进行风险评估；基于 TSS 情景构建理论从物理、事理和人理三个层面构建港口危化品物流的多维风险情景，深入剖析各风险情景下的风险因素之间的耦合关系，刻画港口危化品物流中不同风险状态与风险源，为港口危化品物流风险评估提供新的视角。

第 6 章为港口危化品物流风险监管策略研究。本章基于第 5 章港口危化品物流风险评估模型，采用风险影响因素事故发生率和后果严重程度刻画风险大小，进一步引入事故发生率和事故后果严重程度等参数对港口危化品物流企业与政府监管的问题进行深入研究，构建考虑风险大小和监管力度等因素的政府和企业之间的博弈模型，通过模型研究不同策略下政企双方各自的收益和演化稳定行为，得出不同参数下政企的稳定演化策略。利用 MATLAB 进行仿真，分析不同条件对政府和港口危化品物流企业博弈模型稳定演化策略的影响，据此设计监管策略、防范重大风险。

第7章为结论与展望。本章基于港口危化品物流风险因素的识别、评估和监管，对本书的结论和存在不足进行总结，对港口危化品物流风险研究提出展望。

1.2.2 研究目标

本书的总体研究目标是对港口危化品物流风险进行评估，进而为港口危化品物流风险监管提供决策依据，确保港口可持续发展。通过对我国港口危化品物流风险影响因素的分析，构建港口危化品的多维风险评估模型，从点和面展现我国港口危化品物流风险的状态。基于风险评估模型对风险的刻画，进一步构建考虑风险水平的博弈演化模型，进而为我国港口安全监督管理机制的设计提出建议，以防范港口重大风险。基于以上思路，按照风险现状分析—风险影响因素识别—风险评估—风险监管层层递进，构成本书的研究体系和脉络，通过回答以下几个问题实现研究目标。

(1)港口危化品物流风险的特点

通过对港口危化品物流的现状进行分析，可以对危化品物流的特点有进一步认识。深入剖析港口危化品物流风险的特点，可以对危化品物流风险有进一步认识。

因此，根据物流风险现状及特点，可以找出港口危化品物流中存在的问题，提取科学研究的关键点，为进一步研究提供基础。

(2)影响港口危化品物流风险的主要因素

已有文献虽提供了一些识别关键影响因素的方法，但针对港口危化品物流风险影响因素识别的研究较少，且影响港口危化品物流风险的因素众多，如何识别关键影响因素对下一步风险评估十分重要，值得深入研究。

为此，本书结合实地调研和文献研究，提炼了影响港口危化品物流风险的因素，构建识别港口危化品物流风险影响因素的 CBP-DEMATEL 模型，从原因度和属性分类角度对港口危化品物流风险影响因素进行辨识，得到影响港口危化品物流风险的关键因素分类和影响程度，并从原因型和结果型对影响因素进行区分，分析各影响因素对港口危化品物流风险的影响机理，进而为构建风险评估中的指标体系提供基础。

(3)如何开展合理科学的风险评估，全面展现港口风险状态

根据港口危化品物流风险现状的分析可知影响因素之间交互影响且耦合发生，现有关于港口风险评估的研究，较多地从港口能力方面对其进行分析和评价，或者从单一维度对风险进行评估，鲜有研究从多维角度出发，考虑风险耦合对港口危化品物流风险的影响。因此，如何构建多维风险评估模型，完整地展现港口多维风险状态，值得深入研究。

本书结合现有理论和方法，学习借鉴 WSR、RFRM 和 TSS 三种方法的优点，构建港口危化品物流的多维风险评估 WRT 模型，对识别的风险因素进行风险耦合，揭示风险耦合情况对港口危化品物流风险的影响；不仅从单一维度对风险因素发生风险进行衡量，还以多维视角衡量风险耦合对港口危化品物流风险的影响，进行更加全面的风险评估，为风险评估提供多维且较为全面的视角。

(4)如何设计监管机制进行有效监管

在港口危化品物流风险监管中存在哪些问题，监管是否存在不合理或监管效果不好的环节，是否可以通过改进监管机制来解决监管中存在的问题，值得深入研究。可以在改进监管、有效管理港口危化品物流方面进行有益探索。

在以上分析的基础上，基于港口危化品物流风险评估模型，通过事故发生率和事故后果严重程度等因素对风险进行刻画，并进一步对事故发生率和事故后果严重程度等因素进行深入研究，揭示考虑风险大小的港口监管博弈模型的演化规律。利用 MATLAB 进行仿真，分析不同风险状态下政府监管部门和港口危化品物流企业双方的演化博弈行为，系统地分析我国港口危化品物流中存在的问题。基于研究结论对港口危化品物流风险监管机制的设计进行深入探讨，为我国港口安全可持续发展制定策略、有侧重地进行靶点监管、防范重大事故提供风险决策依据。

1.3 研究方法与技术路线

1.3.1 研究方法

本书主要采用定性研究和定量研究相结合的方法，在危化品概念、危化品物流风险、影响因素和指标构建等方面采取定性研究的方法，如文献综合、专家访谈、小组讨论；在危化品物流评估相关模型等方面采取定量研究。具体如下。

(1)专家访谈与小组讨论

专家访谈贯穿于模型影响因素分析和指标选取等多个环节，特别是在开展港口危化品物流风险影响因素分析和后果严重程度评价时，较多地应用了该方法。在对港口进行实地调研时，采用专家访谈方式。在进行港口危化品物流风险影响因素调查时，事先将所有影响因素通过文献调研等方式整理妥当提供给专家参考。专家经过讨论和评价，最终达成一致，形成危化品物流风险的影响因素等分析结果。

(2)文献研究法

在绪论和相关理论基础与文献研究述评部分，通过对港口危化品物流风险相关文献进行研究，借鉴国内外学者的理论观点，对比分析相关文献并发现研究空白等，总结相关学术观点。

(3)实地调研法

本书通过对大连港等港口的现场调研，分析危化品物流风险的来源、布局和特征，实地考察港口货物装卸作业等多个环节，深入地了解港口危化品物流风险的现状。

(4)实证分析法

在港口危化品物流风险影响因素识别和风险评估部分，选取我国 15 个重要危化品吞吐港口，对其进行危化品物流风险影响因素识别和风险评估，定量分析上海港等港口危化品物流风险因素的影响程度和风险大小。

1.3.2 技术路线

本书的研究过程共分为三个阶段，各个阶段环环紧扣、逐层递进。本书的研究技术路线见图 1.2。

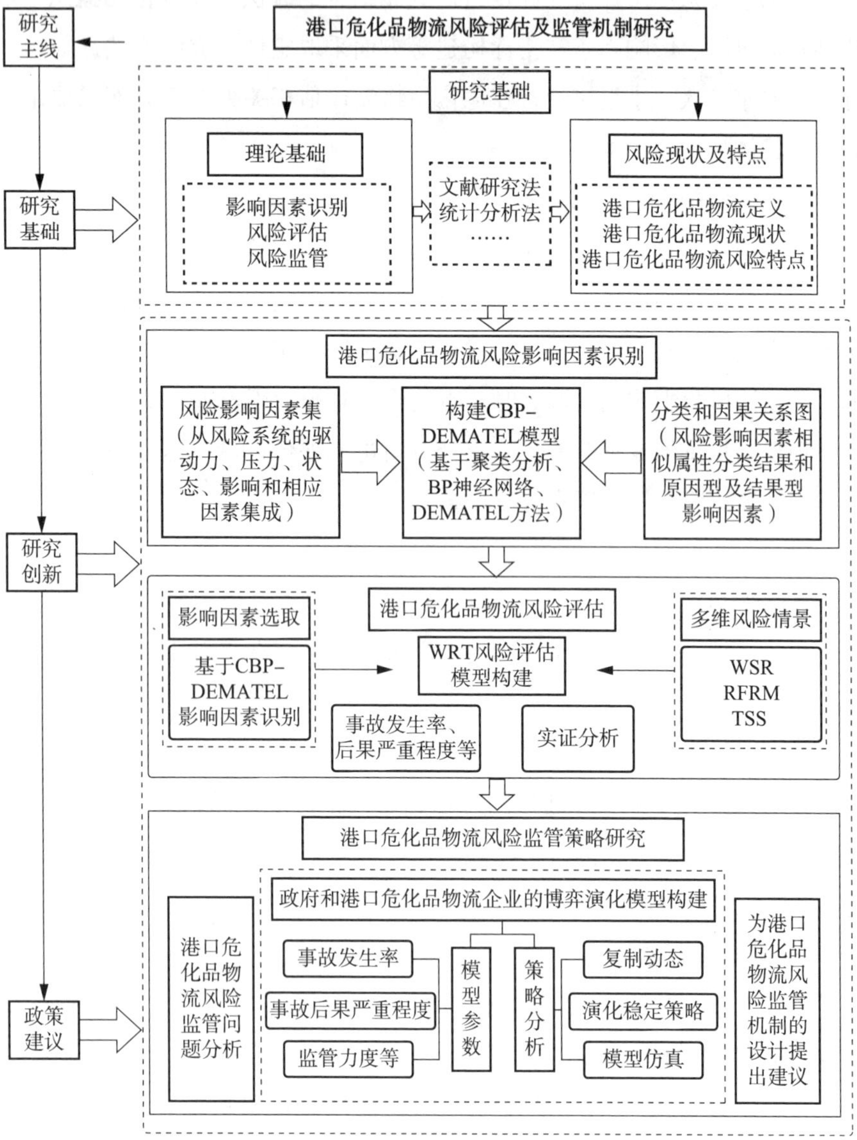

图 1.2 研究技术路线

第 2 章

相关理论基础与文献研究述评

本章概述了港口危化品物流相关概念和相关研究文献，明确了研究对象和现有研究的不足等，为后续开展港口危化品物流风险评估与监管提供支持。

2.1 相关概念

本章对港口危化品物流涉及的风险、危化品和港口危化品物流等相关概念进行解释、梳理，以便深入理解研究对象和研究目的。

2.1.1 风险相关概念

“风险”一词可追溯至远古时代，沿海渔民出海捕鱼经常遇到“风”，虽有了收获，也承受着危险。还有学者认为“风险”一词为舶来品，多数认为是从意大利语“RISQUE”演化而来。早期同样与出海有关，指出海捕鱼或航海中遇到的危险，如恶劣天气、沉船或者触礁等。到 19 世纪，风险开始与保险业务关联，人们用保险抵御风险。总之，风险的核心思想都指未来的不确定性或可能的损失，或是对可能遭受的伤害以及对这种可能性的一种估计。

经济学家 Kaplan 和 Garrick 给风险下了定义，认为风险是“三组集”，包括风险情景、风险发生可能性和引起的后果。[1]用公式表示为：

$$R=\{S_i,\ L_i,\ X_i\} \tag{2.1}$$

其中，R 为风险，S_i 是对第 i 个风险情景的表示，L_i 是第 i 个风险情景发生的可能性，X_i 是第 i 个风险情景发生的后果。

认知到风险就要对风险进行识别、评估和管理。首先要明确风险管理的对象，即研究对象，再利用各种手段避免不利因素对系统产生影响，降低风险或者进行风险转移。在这一过程中，要对风险的对象进行界定和对影响因素进行识别，通过对重要风险因素的识别，着重解决影响较大的风险，这是进行风险管理的基本方式。

随着社会发展，到20世纪，风险管理逐渐形成一门学科。1963年梅尔和赫奇斯的著作《企业的风险管理》发表，1964年威廉姆斯和汉斯关于风险管理的著作《风险管理与保险》出版，与之相关的一系列研究促进了风险管理理论的形成。随着相关技术和理论的发展，现代风险管理不仅成为一门技术和方法，还是一种管理过程，成为现代社会生活和企业发展常常要进行的重要环节。[2]

2.1.2 危化品相关概念

危险化学品，简称危化品，依据《危险化学品安全管理条例》第三条的定义，危化品是指这样一类特殊化学品：具有爆炸、腐蚀、毒害等特性，能够燃烧或助燃。危化品的特殊性在于其具有剧毒，对人体、设施、环境产生一定危险和害处。根据GB 13690—92条例中的分类标准，危化品通常可分为8类，如表2.1所示。

危险货物，依据《危险货物品名表》，通常指具有爆炸或易燃等特性，具有毒害、感染、腐蚀和放射性等危害的货物。危险货物在运输、储存、使用和处置等物流环节中，对人、财和环境造成较大损害。根据《关于危险货物运输的建议书　规章范本》，危险货物大致可分为9类，如表2.1所示。

表2.1　危险化学品与危险货物的不同分类

危险化学品分类	危险货物分类
1. 爆炸品	1. 爆炸品
2. 液化气体、压缩气体	2. 毒性气体、易燃气体、非易燃无毒气体
3. 易燃液体	3. 易燃液体

续表

危险化学品分类	危险货物分类
4. 遇湿易燃物品、自燃物品、易燃固体	4. 易于自燃的物质、易燃固体、遇水放出易燃气体的物质
5. 氧化剂、有机过氧化物	5. 有机过氧化物、氧化性物质
6. 有毒	6. 感染性、毒性物质
7. 放射性物质	7. 放射性物质
8. 腐蚀品	8. 腐蚀性物质
—	9. 杂项危险物质和物品

从表2.1中可以看出，危险化学品与危险货物有相同也有不同，要判定某物品属于危险化学品还是危险货物时，必须结合其所在的环节，比照相应名录进行判断。例如棉花或汽车安全气囊，它们为危险货物，但不是危化品。又如硼酸，属于危化品，但不属于危险货物。另外，有些物品既是危险货物，也是危化品，如原油、甲醇和硝酸铵等。在港口进行运输的危险货物种类较多，且以油品为代表的危化品品类，既属于危化品，也属于危险货物。虽然危险货物的分类比危化品多一类杂项危险物质和物品，但在实际中危化品的成分比危险货物更多，很多不属于危化品货物的危险货物也通过港口进行运输，且危化品和危险货物在港口物流中都存在较大风险。本书采用危险化学品（简称危化品）作为研究对象的名称，既包括危险化学品，也包含危险货物。

危化品和危险货物大体上是相同的，其产生的危害和污染等大体相同。2018年版《危险化学品目录》共收录了2 828条危化品条目，其中，关于危化品危害的分类标准与联合国发布的《全球化学品统一分类和标签制度》一致，具体如图2.1所示。

从危化品危害分类标准可以看出，危化品的常见危害有三类：物理方面如爆炸等、健康领域如皮肤腐蚀等以及环境方面如臭氧层破坏等。由于危化品本身的特殊性，在运输或存储过程中要求使用特殊的设备或环境，相比一般货物更容易发生事故。因此，在危化品运输和使用过程中应加强防护和管理。

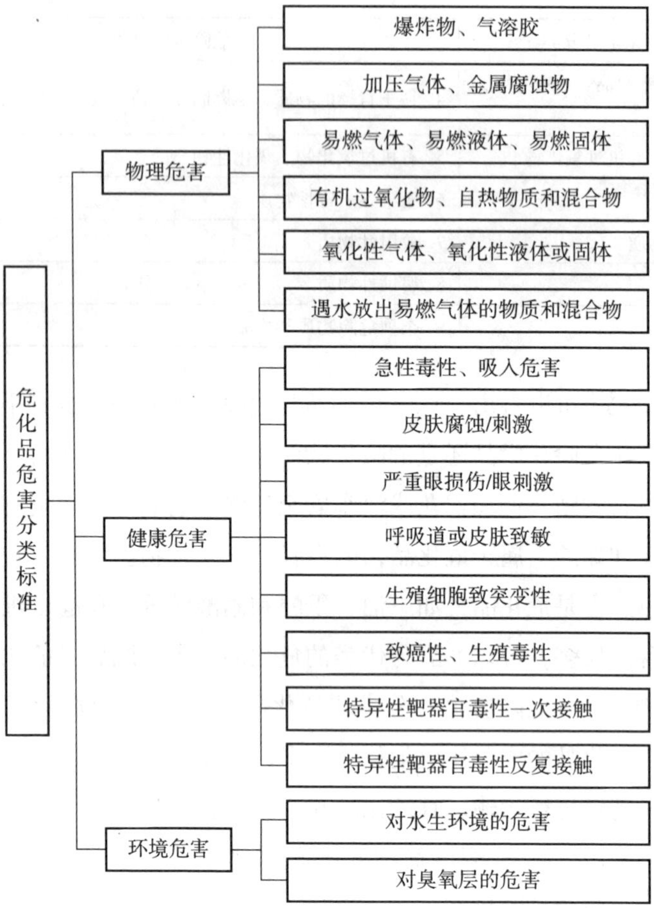

图 2.1　危化品的危害分类

2.1.3　港口危化品物流风险

港口指位于海或江等一些水域的沿岸，可提供相关设备帮助船舶安全靠岸并进行装卸运输作业的枢纽地区。港口作为水上和陆路运输的中转点，成为化工原料、农产品和石油以及其他货物运输的集散地，同时也是邮轮常常途经的场地，人员和货物都非常密集。

物流活动开始于人类社会伊始，物流概念起源于 20 世纪 30 年代，用于表示货物的分配，即“物”的流通。物流的定义有很多，目前一般采用由美国物流协会对物流所下的定义，即“物流可以看作供应链的一个重要部分，即对货物、服务或者信息等从产地到目标客户之间的有效流动和存储进行的计划、实施与控制的过程”。[3]

港口物流的发展大致分为三个阶段。第一阶段，一般在港口进行装卸、存储和转运等物流活动；第二阶段，除了上述功能外，在港口还增加了商业和工业加工等环节，使得港口有了增值功能；第三阶段，港口不仅进行物流活动，而且成为“国际航运中心”，不仅聚集货物，还整合资本、技术和信息等，形成综合一体的现代物流体系。

港口危化品物流是一类特殊的港口物流，即危化品的物流活动。港口危化品物流系统如图 2.2 所示。

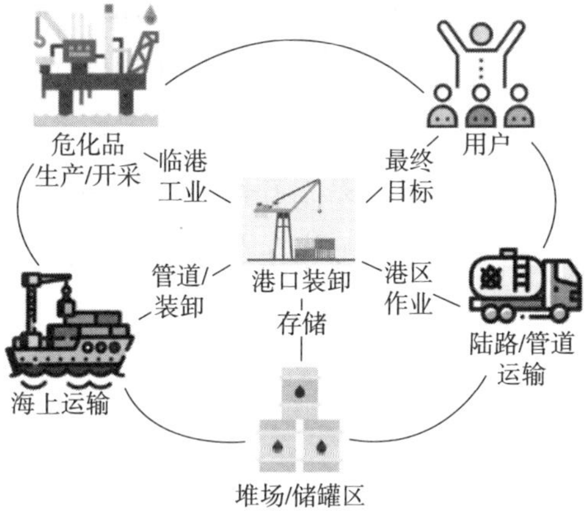

图 2.2 港口危化品物流系统

为了方便危化品的生产运输，常在一些港口附近建立临港工业带。陆地或海上开采危化品如石油、天然气等经过液化或加工处理，通过油轮或液化气专用 LNG 船舶等运输载体，经由陆路或海路运输到达港口进行装卸存储，再经海上运输到达下一个港口进行装卸存储，最后通过陆路或管道运输到达目标客户手中。在这一过程中，港口危化品物流包括危化品在港口的装卸、存储以及海上运输等多个环节。港口是危化品船舶和石油天然气等管线输运的交汇点，在港口装卸、存储环节危化品的损害更大，更易发生危险；而海上运输遇到极端气候等情形货物易受损，其风险把控难点在于对天气的准确预测和对造船技术水平的特殊要求。因此，港口危化品物流风险主要损害港口装卸、存储、等待入港的基础设施，以及港口危化品物流的经济活动、工业和危化品本身。

综上所述，港口危化品物流主要指危化品货物在港口中转装卸、存储和运输等环节中的物流活动，不包含海上运输环节。海上运输中的安全多依赖于现代船舶技术和天气预测等，这里不考虑海上运输过程，重点指围绕港口展开的物流活动。

港口危化品物流与普通货物物流最大的不同在于：危化品造成的危害比一般货物更大，且后果更严重。因此，不同于一般货物，在港口危化品物流中，时效和成本不应作为首要考虑因素，应注重其安全性，将经济效益放在第二位。此外，港口危化品物流与一般危化品物流的区别在于其主要围绕港口进行物流活动，港口是危化品物流的中转地和连接点，一般危化品物流不涉及港口这个中转地。

因此，港口危化品物流风险是指在港口危化品物流活动中存在的风险，本书辨识了这一物流环节中可能存在的风险因素，并通过风险情景、风险情景发生的可能性的估计判断和风险情景发生的后果对风险进行衡量。

2.2 相关理论

在解释了港口危化品物流涉及的相关概念，加深对研究对象的理解基础上，这部分主要对港口危化品物流风险进行评估和阐述监管中涉及的基本理论。

2.2.1 风险评估理论

人类风险控制意识的发展经历了很长时间，相应风险评估大致也经历了三个阶段。第一阶段是对事故风险的分析，第二阶段是对风险的控制，第三阶段为风险的现代科学管理。[4]在这个过程中，涌现出很多风险评估的方法和理论，大体可以分为定性、定量及定量定性相结合的方式。

定性风险评估理论主要有：事故致因理论，[5]主要对事故原因进行分析；失效模式和后果分析理论(FMEA)，对风险失效的模式进行分析，并对风险后果进行评价；[6]事件树(ETA)，主要对事故像树杈一样的分支进行分析，进而评价风险；[7]预先危险性分析(PHA)，对初始危险进行类别和后果等概括分析，进而衡量风险。[8]

定量分析方法主要是对风险的经验推导进行度量，如蒙德法[9]、道化学指数法[10]、爆炸危险指数评价理论[11]和烟羽模型[12]等。其中，爆炸危险指数评价理论是对货物中存在的化学品发生爆炸或者火灾等危险进行测算的一种风险评估理论，通过计算工艺危险系数、暴露面积和爆炸指数等指标进行风险评估。[11]

烟羽模型是对危化品发生爆炸或泄漏之后，有毒气体随着风和云以烟羽的形式扩散的风险评价方法，[13]扩散浓度公式为：

$$c(x,\ y,\ z,\ H)=\frac{Q}{2\pi u\sigma_y\sigma_z}\exp\left(-\frac{1}{2}\times\frac{y^2}{\sigma_y^2}\right)\times\left[\exp\left(-\frac{1}{2}\times\frac{(z-H)^2}{\sigma_z^2}\right)+\exp\left(-\frac{1}{2}\times\frac{(z+H)^2}{\sigma_z^2}\right)\right] \tag{2.2}$$

其中，$(x,\ y,\ z)$表示危险发生坐标；

H表示高度；

Q表示源强，也就是有毒物质释放的速率；

u表示风速；

σ_y，σ_z表示在y轴和z轴方向上的扩散系数。

油罐区火灾评价模型，从大型油罐区设置的防火区范围、火的形态以及热辐射等方面对危害进行评价，主要通过数学模型(2.3)进行计算[14]：

$$H=42D\left|\frac{\mathrm{d}m/\mathrm{d}t}{\rho_0\ (gD)0.5}\right|0.6 \tag{2.3}$$

其中，H表示火焰的高度；

D表示发生火灾的范围直径；

$\mathrm{d}m/\mathrm{d}t$表示单位面积燃烧速度；

ρ_0表示空气密度；

g表示重力加速度。

$$q^0=\frac{DHcf\mathrm{d}m/\mathrm{d}t}{D+4H} \tag{2.4}$$

其中，q^0 表示热辐射通量；

f表示热辐射系数；

Hc表示液体燃烧产生的热量。

定性与定量相结合的风险评估方法有故障树分析（FTA）[15]、就业技能模块组合（MES）方法[16]和作业条件危险性评价法（LEC）[17]等。

通过对风险评估相关理论的分析可以看出，开展风险评估对于认识、管理和控制风险有重要作用，在经济管理领域同样如此，合理有效的风险评估对管理有着至关重要的作用。

2.2.2 演化博弈理论

演化博弈理论是博弈论的一种，与传统博弈理论最大的不同有两点：第一点是对参与方是否理性的假设，一般博弈理论认为参与者是完全理性的，且博弈中双方已知完全信息；第二点是博弈是不是在信息完全认知下进行的，演化博弈是在不完全理性假设条件下进行的，同时不要求参与者获知完全信息。[18-19]因此，采用演化博弈理论分析经济活动更加符合实际。

演化博弈理论源于生物进化论，采用复制动态对优胜劣汰和适者生存等思想进行刻画，即参与博弈的博弈方可能一开始并不能选择最优决策，需要像生物一样在博弈过程中不断学习，通过不断学习和调整使得博弈策略趋于稳定，融合了动态演化分析过程，不是完全静态的。

演化博弈理论有两个核心思想：一个是复制动态思想，另一个是演化稳定策略。其中，复制动态过程就是采用动态微分方程进行分析的过程，表示某一策略被博弈方所选择的频度，用公式表示为：

$$\frac{\mathrm{d}x_i}{\mathrm{d}t}=x_i(u_{s_i}-\bar{u}) \tag{2.5}$$

其中，x_i 表示在演化博弈中，参与博弈方选择策略 s_i 的概率，u_{s_i}为博

弈方选择 s_i 的期望收益，$\bar{u}$ 为平均期望收益。

演化博弈模型中的系统演化稳定策略的稳定点是均衡演化策略。当偶然因素使博弈偏离均衡点时，复制动态会使其恢复到均衡点，即当干扰因素使 $x<x^*$ 时，$\frac{\mathrm{d}x}{\mathrm{d}t}>0$；当干扰因素使 $x>x^*$ 时，$\frac{\mathrm{d}x}{\mathrm{d}t}<0$，此时满足稳定状态条件。

演化博弈是博弈论的一种，它建立在有限理性基础上，避免了传统博弈论理性人假设和完全信息等缺点，比较符合实际，因此被广泛应用于经济、管理和生物等领域。[20-27]李健等分析了零星危险化学品运输中存在的风险隐患等，构建了与危化品相关的政府、托运人和企业之间的三方博弈，并且给出了降低危化品运输风险的相关建议。[28]目前，针对港口危化品物流领域的监管研究还不够丰富，关于危化品这一特殊对象的研究较少，很多聚焦金融或食品等方面。[29-32]由于场外金融衍生品市场存在信息不对称，李智勇等分析了金融衍生品市场监管存在的主要问题，通过对国际和国内通行做法的对比，对金融市场监管给出了相关对策。[33]另有学者对食品安全监管问题进行研究，通过构建食品企业和政府的演化博弈模型，重点研究第三方监督对食品行业监管的影响，同时引入毒奶粉案例，揭示了监管过程中存在的“激励悖论”现象，这对于食品安全管理有着重要意义。[34]许民利等构建关于食品安全的演化博弈模型，对食品上下游供应商与制造商的博弈行为进行分析，研究表明，如果加大对“搭便车”行为的处罚，会增加相关食品的供应商或制造商的投入；如果加大食品相关供应商或制造商的补贴，则会鼓励其加大质量投入，最终达到保证食品安全的目的。[35]何国华等针对风险投资市场上的监管问题，对垄断等风险进行分析，提出从多个方面加强对风险投资的监管。[36]针对食品安全问题，晚春东等研究了相关食品的供应链，通过构建动态博弈模型，研究食品生产商和消费者之间的博弈行为，结果表明在食品替代水平低，且政府监管概率大的情况下，食品生产商才会提供优质安全食品；当食品替代水平较高，政府可以提高监管概率以促进食品安全。[37]关于第三方监管，曲国华等引入三角模糊数构建了政府监管和企业博弈模型，对企业是否加入第三方国际环境审计进行分析，结果表明政府对企业的惩罚大小，能够影响企业是否增加第三方审计。[38]

通过分析演化博弈理论可以看出，它常用于研究经济活动中经济活动主体之间的博弈行为。基于对博弈双方行为选择的分析，可以优化改进博弈策略和选择，从而实现整体利益最大化，有利于社会经济活动往更好的方向发展。因此，采用演化博弈理论分析港口危化品物流风险监管中的问题，符合实际，可为有效监管提供决策依据。

2.3 相关研究综述

研究港口危化品物流风险相关文献发现，国内外针对港口危化品风险评估的成果相对较少，对港口能力的测算和道路危化品运输风险的研究较多，且主要从影响因素识别、风险评估和风险监管三个方面开展。因此，以下从这三个方面进行述评。

2.3.1 港口危化品物流风险影响因素研究

风险因素研究是开展风险评估和管理等工作的基础，现有文献主要是基于理论或实际情况进行风险因素识别。田彦清等根据企业生产活动和大量职业病案例进行定性分析，识别了影响作业场所风险的相关指标。[39]宋泽明等基于 DPSIR 理论，从驱动力、压力、状态、影响和响应五个维度分析海洋资源环境承载力和障碍因素。[40]对于影响工业园的风险因素研究，有学者采用层次全息模型(HHM)，从内外部等方面对其进行分析，构建了生态工业园的多角度风险情景。[41]基于 HHM 方法，张文德和李婵从建设、资源和项目管理等六个方面对影响数字图书馆的风险因素进行分析。[42]基于层次分析法，樊晓一等对滑坡危险风险影响因素的影响大小进行识别，并构建了风险影响评价指标。[43]基于层次分析方法，有学者加入其他两种方法加以改进，以避免权重获取过于主观的缺点，增加研究的客观性，并分析了指标的关系和影响大小。[44]以传统 DEMATEL 方法进行风险影响因素识别，可能存在较多的主观性，为避免这一缺点，马跃和崔强等学者采用神经网络方法优化传统 DEMATEL 方法，使结果更加客观。[45-47]

还有一些学者基于历史数据分析影响因素对系统的影响程度。针对城市交通碳排放问题，苏涛永等基于京、津、沪、渝的历史数据，对影响碳排放的因素进行分析，得到对城市交通碳排放产生重要影响的因素。[48]车诚等针对移动社交网络对企业营销效果的影响，基于青岛一百多家相关公司的数据，采用因子分析和多元逐步回归联合分析方法，研究了扩大营销效果的关键影响因素。[49]魏楚和沈满洪对影响能源效率的因素进行研究，构建了能源效率的 DEA 模型，分析了不同因素指标对效率的影响。[50]

2.3.2 港口危化品物流风险评估相关研究

风险评估大致开始于 20 世纪 70 年代，风险评估是指在事故风险前后，在社会、生活及财产等多个方面，评估其发生损失的可能性并量化的一系列过程。早期具有代表性的风险评估是美国原子能委员会提出的关于“大型核电站中重大事故的理论可能性及后果”风险分析报告。[51]另有很多学者对风险进行研究，对风险与安全下定义，[52]风险评估已在多个领域开展，如生态环境[53-55]、医疗健康[56-59]、环境污染[60-61]、股市风险评估[62]、灾害的风险评价[63]和港口作业风险评估[64]等。Anikwe 等研究了港口码头受石油产品泄漏污染的生态风险评价，采用原子吸收光谱法对码头的污染和植物中含有的重金属进行测算，将其分为潜在、中度和重度等多个风险级别。[65]

目前，国内侧重于危化品物流风险的研究较少，至 20 世纪 90 年代，国内对于危化品物流风险的研究仍处于起步阶段。1995 年，毕军等发表的关于有害废物危化品的风险研究，可以看作是危化品风险研究的开始。该研究提出基元路段概念，构建风险模型进行计算，并以有害废物对沈阳环境的影响进行实例分析。[66]目前关于危化品物流风险研究的文献大致可分为三类。

第一类：以危化品物流事故的损失和原因分析为主。例如，通过对危化品物流风险现状进行描述和统计，张江华和朱道立指出进行危险货物运输风险分析的重要性，并为危化品的安全运输和事故预警等提出建议。[67]针对危化品单一及多式联运，帅斌和黄丽霞对其风险进行了评估，认为铁路和联运方式相对于单纯道路方式的运输风险较小。[68]李健等基于博弈论，研究了零星危险货物快递运输风险。[28]赵来军等从定量角度统计了危化品物流发生事故的后果。[69]

第二类：构建模型，研究危化品物流中的风险。学者以情景—任务—能力为框架对危化品事故进行分析，以一级和二级共22个指标构建指标体系，达到加强应急能力的目的。[70]针对危化品集成物流选址问题，张敏等设计了一种启发式算法，从而为危化品物流的选址安全提供了新思路。[71]针对危化品物流中存在的风险，有学者建立危险货物泄漏风险定量评估模型。[72]基于强化学习理论，吴军等针对危化品运输路径选择问题构建博弈模型进行研究，并为提高危化品物流安全提供有益思考和建议。[73]针对海上溢油事故，Goerlandt等通过风险情景进行分析，并构建风险分析框架以降低此类风险。[74]关于港口危化品物流风险评价的文献，大多专注于从某个角度进行研究，通过评价指标体系对现有港口进行评价。[75-76]如对港口通过能力进行评价，主要集中于测算港口泊位能力[77]和堆场物流调度能力[78]等。许多学者采用故障树[79]、贝叶斯理论[80]、多目标决策树[81]或者系统动力学[82]等方法对港口物流风险进行管理。

第三类：以信息技术手段，分析现代危化品物流的风险。随着科学技术的发展，有学者采用新方法对风险进行管理，如机器学习的方法。该方法通过机器学习大量风险源，映射到风险评级，对新的风险进行预防。[83]还有一些学者针对危化品物流风险，采用新技术进行分析，如应用射频技术降低风险。[84]基于扩散模型，Zhang等分析了一些危化品如液氯在物流环节的风险，同时还基于GIS技术对扩散风险进行研究。[85]针对危化品运输风险，Milazzo等通过编程开发相关软件，运用开发的软件对风险进行了分析，并以意大利地区的危化品物流为例进行实例分析。[86]针对危化品物流中的路径依赖等问题，Kara等设计了两种算法，即改进的经典最短路径和改进连接标号方式，从而为风险的计算提供了更加精确的算法。[87]

近年来，许多学者在不同研究领域进行了风险评估和管理研究，丰富了风险管理的研究方法和成果，如采用贝叶斯方法进行银行间等金融网络中的系统风险评估。[88]学者通过对企业管理能力与未来收益、股票回报波动的关联性进行研究，对公司信用风险进行评估，证明了管理能力是债券市场参与者对公司信用风险进行评估时所关注的重要因素。[89]有学者针对药品运输路线的选择，采用失效模式和影响分析 FMEA 表、直觉模糊数 IFN 对药品运输和物流的风险进行评估，提供了一个较新的风险评估框架。[90]关于组织管理方面，有学者针对社会政治环境的变化如何影响中间组织进行研究，采用社会运动和制度理论来评估环境政策对组织操作不确定性的影响，以风险评估的结果来降低人们对运营不确定性的认识。[91]有学者针对企业创新活动回报与风险的关系，研究了创新是如何影响外部风险的，并对外部风险进行评估，以减少企业风险。[92]针对空间中的风险，如行人过马路的风险，有学者对视觉不确定性情况下的风险进行了分析。[93]此外，针对供应链中的风险问题，一些学者也进行了相关研究。[94-96]

2.3.3 港口危化品物流风险监管相关研究

由于危化品和港口的特殊性，有关港口危化品风险监督管理的研究较少，且港口物流相关文献多集中于港口效率等方面、危化品相关文献多集中于道路风险管理方面。现有文献主要以定性方式探讨危化品事故风险形成的原因。刘学君等提出建立分布式测温的危化品立库火灾定位系统，通过对各货位进行火灾温度监管及高温点定位实现危化品有效监管。[97]堆垛是危化品仓储的重要方式之一，有学者采用现代智能优化算法对危化品仓库垛位布局进行优化研究。[98-100]还有一些学者针对危化品风险较大的特性，对运输路径进行优化，提出更适合于危化品的运输路径。[101-103]基于系统动力学，余乐安等对危化品水污染引发的舆情危机进行研究，通过对舆情传播等方面进行分析，建议从多个方面入手以提高危化品物流的安全。[104]Ellis 通过对危险品历史数据的分析，研究导致海上运输危险的因素，对不正确申报程序这一行为引发的可能风险进行分析并构建模型，并研究了危化品事故的影响因素和严重性。[105]针对内河航道油溢事故，Camp 等开发出一个加强版泄漏管理信息系统，并与 GIS 地理信息系统相结合，以解决漏油风险等问题。[106]熊立春等从电子政务角度对危化品安全监管进行设计，从多个角度对影响危化品的风险因素进行分析，从危化品安全监管电子政务系统的建设出发，加强多个模块如重大危险源管理和统计分析功能等，较早地提出电子政务建设，反映了其前瞻性。[107]随着危险化学品运输量的不断增加，Bu 等分析了危化品运输中存在的问题及原因，并结合实际研究了合适的危化品安全运输控制策略，建立以现代信息技术为基础的管理体系并开展安全专项整治工作。[108]

2.4 现有研究的不足

在物流风险影响因素识别、风险评估和监管方面，学者们取得了许多研究成果，但针对港口危化品物流风险的研究较少，还存在以下不足。

在港口危化品物流风险影响因素识别方面，现有文献对影响港口危化品物流风险影响因素的研究几乎是空白。一方面，港口危化品的特殊性导致这方面的研究较少；另一方面，识别港口危化品物流风险影响因素的方法多为专家打分法等，存在较强的主观性，没有将定性与定量方法相结合。针对港口危化品物流风险的影响因素，没有综合考虑结合其属性分类和影响大小对其进行研究。

在港口危化品物流风险评估方面，文献主要从某一方面对港口风险评价进行研究，没有对风险管理进行综合深入研究，且鲜有文献研究港口危化品物流风险。关于危化品物流风险评估研究主要集中在陆路运输方面，且多从操作等微观层面或统计分析角度对危化品风险进行分析，较少以整体和微观相结合的视角对港口危化品物流风险进行评估。港口作为危化品运输较集中的区域，极易发生危险，如何防范港口危化品安全事故亟待解决。因此，有必要在实地考察调研的基础上对港口危化品物流风险评估进行研究。相比于其他风险评估方法，本书从多维角度开展港口危化品物流风险评估，从点到面较为全面地展现港口危化品物流风险状态，更适应港口危化品物流风险的表征，不仅可整体判断风险大小，而且有助于对风险源进行把控。

在港口危化品物流风险监管方面，现有文献主要研究了危化品道路运输安全、食品安全和金融监管等，对于港口危化品物流的安全监管研究几乎是空白。港口危化品物流的特殊性大大增加了政府管理部门对港口危化品物流企业的监管难度，因此本书构建演化博弈模型，通过对不同风险水平和监管力度的模型仿真，探讨不同因素对演化博弈策略选择的影响。基于演化博弈进行分析，充分考虑了政企双方的有限理性。双方不可能一开始就选择最优策略，而是经过不断博弈最终选择稳定演化策略，更加符合实际。对政企短期和长期的演化稳定策略进行分析，为港口危化品物流监管机制设计提供支持。

综上所述，科学核定风险、构建港口危化品物流风险评估模型和监管策略等对正确使用港口资源、科学防范重大危险事故、维系港口危化品物流安全有着重要的现实意义。因此，本书在学习和借鉴国外安全生产和管理理念基础上，较为全面地提出一个兼顾港口物流系统、物流过程以及相关组织参与的综合研究框架，为港口危化品物流风险管理提供思路，更符合安全管理的需要。

第 3 章

港口危化品物流风险现状及特点分析

本章通过对港口危化品物流分布以及物流现状进行梳理，发现港口危化品物流风险存在的问题和管理薄弱环节，从而为有效开展危化品评估与管理提供基础。

3.1 港口危化品物流现状分析

3.1.1 全国港口危化品吞吐量及泊位情况

通过全国港口危化品吞吐量这一指标可对全国港口危化品物流状态有总体把握，有利于分析港口危化品物流风险分布。2018 年我国港口各类货物吞吐量构成如图 3.1 所示。

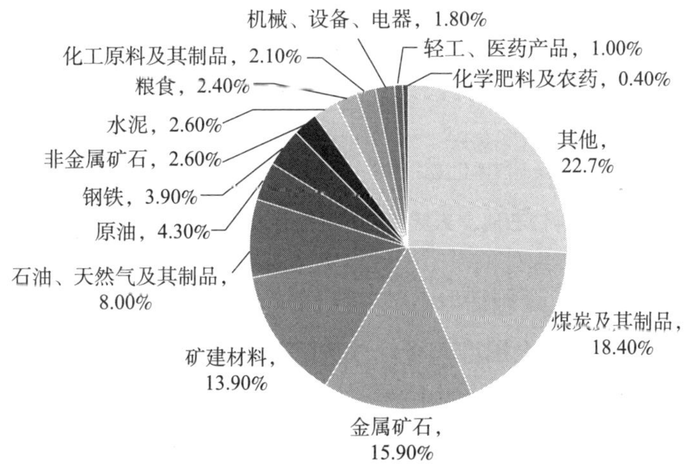

图 3.1　2018 年我国港口各类货物吞吐量构成

从图 3. 1 可以看出，通过港口进行转运和疏散的货物种类很多，吞吐量排前 5 位的货物分别为煤炭及其制品，金属矿石，矿建材料，石油、天然气及其制品和原油，可见石油、天然气及其制品和原油是港口运输的重要货物，同时属于危化品。化工原料及其制品港口吞吐量为 27 754 万吨，占港口货物总吞吐量的 2. 1%。另外，港口吞吐量为 5 293 万吨的化学肥料及农药，也存有危化品品类的货物。如造成贝鲁特港口爆炸的危化品，就是生产化肥的一种原材料。由于天气炎热，气温升高，存放在贝鲁特港口的大量硝酸铵受热分解，最终导致大爆炸事故。综上所述，通过港口运输的危化品品类主要有 4 大类：石油、天然气及其制品，原油，化工原料及其制品，化学肥料及农药。

全国港口石油、天然气及其制品吞吐量和万吨级及以上泊位统计如图 3. 2 所示。

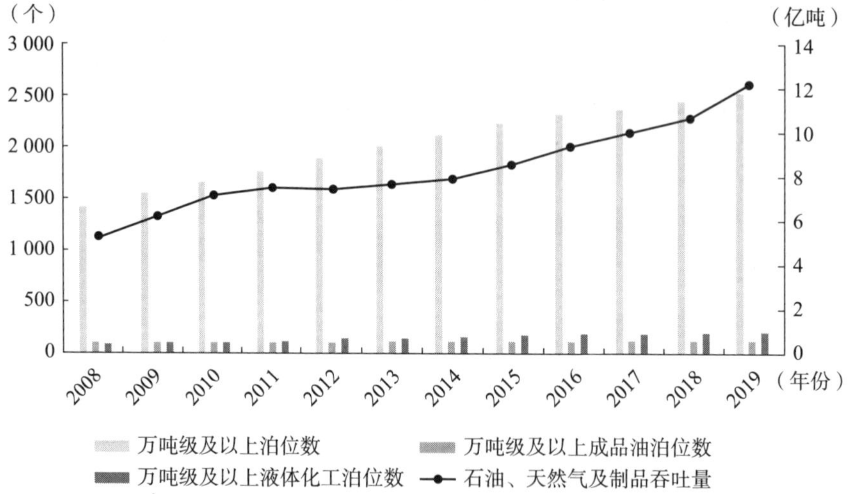

图 3. 2　全国港口石油、天然气及其制品吞吐量和万吨级及以上泊位数

由图 3. 2 可知，全国港口石油、天然气及其制品总吞吐量大体呈现平稳增长态势，2008 年全国港口吞吐量为 5. 27 亿吨，2019 年全国港口吞吐量增长至 12. 14 亿吨，增长了 1 倍以上。2008 年全国万吨级及以上泊位数为 1 416 个，2019 年全国万吨级及以上泊位数为 2 520 个，约增长 0. 8 倍。2008 年全国万吨级及以上成品油、液体化工泊位数分别为 108 个、101 个，占万吨级及以上泊位数比重分别为 7. 63%和 7. 13%，2019 年全国万吨级及以上成品油、液体化工泊位数分别为 143 个、226 个，占万吨级及以上泊位数比重分别为 5. 67%、8. 97%，其中成品油泊位数占比下降，液体化工泊位数占比上升了 1. 84 个百分点。从总体上来看，石油、天然气及其制品吞吐量增加了 6. 87 亿吨，增量很大。而相应的成品油、液体化工泊位数分别增加了 35 个、125 个，增加较少。因此，随着港口石油、天然气及其制品吞吐量的增加，风险也在增加。

原油是危化品品类，也是通过港口运输的重要货物，对港口危化品物流安全有重要影响。基于《中国港口年鉴》对全国原油进口量、油品泊位数和原油进口量增长率的统计如图 3. 3 所示。

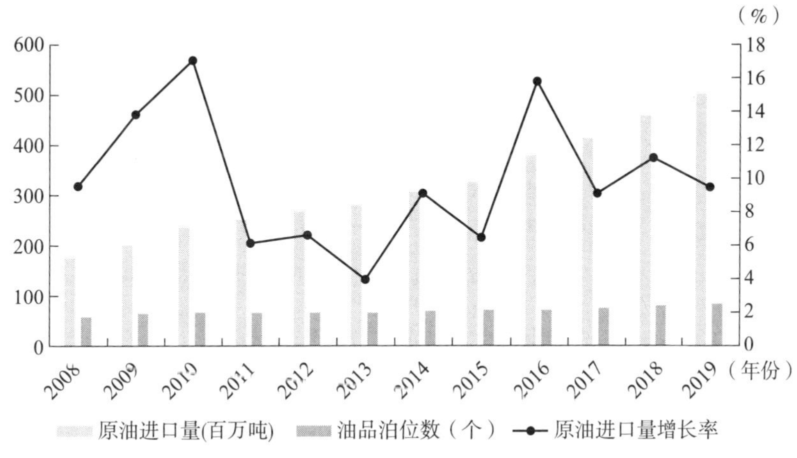

图 3. 3　全国港口的原油进口量、油品泊位数及原油进口量增长率

由图 3. 3 可知，近年来我国油品泊位数增长不明显，但是原油进口量增长很快。

化工原料及其制品、化学肥料及农药也是港口运输的重要货物，两类货物中一些化工原料及其制品属于危化品，一些化学肥料及农药也属于危化品，两类货物中的危化品通过港口进行中转、运输会带来风险。通过港口进行运输的化工原料及其制品、化学肥料及农药相关统计如图 3. 4 所示。

由图 3. 4 可知，2006 年全国港口化工原料及其制品的进出港吞吐量为 5 878 万吨，2018 年全国港口化工原料及其制品的进出港吞吐量为 15 581

万吨，增长了 1.65 倍。其中化工原料及其制品的出港量小于进港量，与港口总吞吐量相比，占比较小。2006 年全国港口化学肥料及农药吞吐量为 1 741万吨，2018 年全国港口化学肥料及农药吞吐量增加至 2 544 万吨，在港口货物总吞吐量中占比较小。

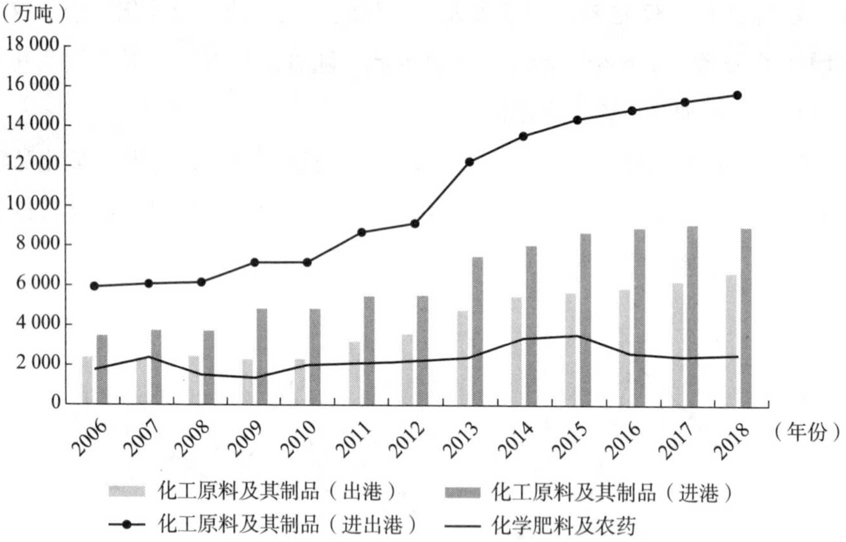

图 3.4　全国港口化工原料及其制品、化学肥料及农药的吞吐量

港口运输的货物种类众多，不同货物运输有相应的泊位要求，图 3.5 为 2018 年全国港口泊位构成。

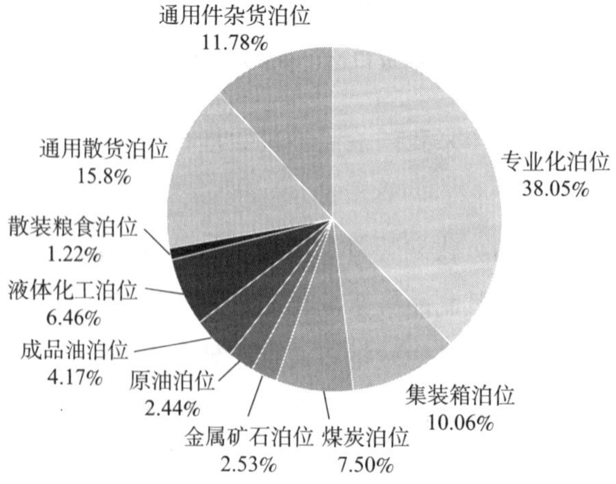

图 3.5　2018 年全国港口泊位构成

由图 3. 5 可知，危化品主要由原油和成品油泊位进行相关装卸，此外还通过液体化工泊位进行装卸。三种泊位占总泊位的比重约为 13%，不排除通过通用散货泊位和通用件杂货泊位进行危化品运输的可能。总体来看，港口用于危化品运输的专业泊位较少，存在一定风险。

3. 1. 2 各地港口危化品吞吐量

对各省港口危化品货物吞吐量进行统计分析，有助于对我国各省港口危化品吞吐量有一个直观认识。根据 2008—2019 年《中国港口年鉴》的数据，可得 2007—2018 年全国各省、自治区、直辖市的港口石油、天然气及其制品的吞吐量，具体如表 3. 1 所示。

表 3. 1 2007—2018 年全国各省、自治区、直辖市的港口石油、天然气及其制品吞吐量

单位：万吨

省份	年份											
	2007	2008	2009	2010	2011	2012	2013	2014	2015	2016	2017	2018
黑龙江	0	0	0	0	10	11	9	1	9	8	7	7
辽宁	3 321	3 366	6 767	8 231	8 272	8 588	7 104	11 198	12 593	15 297	15 598	15 011
河北	768	64	987	1 650	2 265	2 361	2 319	2 487	2 667	2 600	2 777	3 223
天津	2 675	4 305	4 876	6 151	5 934	5 495	5 307	5 256	5 448	5 143	5 707	6 701
山东	4 903	7 519	5 292	7 691	10 506	10 702	13 073	13 620	15 424	22 010	25 000	25 819
江苏	4 641	4 670	5 740	5 530	5 419	6 589	5 600	13 326	8 441	6 772	17 990	2 263
上海	426	—	2 530	2 694	2 425	2 653	2 401	3 005	2 972	3 164	3 164	3 078
安徽	418	355	410	546	511	522	524	602	640	417	518	521
浙江	11 830	11 900	13 000	14 332	15 561	14 190	14 452	14 553	14 703	16 286	17 655	17 467
江西	321	266	307	221	205	187	182	320	515	370	488	500
福建	—	415	830	1 338	2 327	2 426	2 412	3 988	4 441	4 305	4 491	4 829
湖南	—	—	—	214	369	755	903	325	—	1 039	1 117	2 413
湖北	0	293	352	354	379	699	509	580	397	700	791	13
广东	11 399	11 159	14 259	15 299	17 700	15 800	13 300	2 275	2 450	6 359	6 429	12 844
海南	1 533	1 700	1 778	1 855	1 949	1 855	1 686	2 069	2 718	2 857	2 604	2 373
广西	456	531	850	1 222	2 141	2 308	2 312	2 329	2 297	2 036	2 505	2 960

续表

省份	年份											
	2007	2008	2009	2010	2011	2012	2013	2014	2015	2016	2017	2018
贵州	0	0	0	14	87	101	111	114	0	0	0	0
四川	0	0	0	84	67	61	54	41	0	86	95	0
重庆	167	297	231	235	317	321	400	480	648	757	784	927

由表 3.1 可知，2007—2012 年，广东、浙江、山东和辽宁为吞吐量较大的省份。广东作为人口大省，是能源及化工原料消费大省，且外贸进口明显增长，增量主要集中在能源和金属矿石等重点物资。而且广州港附近的油品码头的建设，如惠州中海成品油码头和石化小虎储备库成品油码头，为石油、天然气及其制品等货物的运输提供了条件。同时，这一时期也是广东等地区改革和发展的关键时期，开工建设许多项目并取得较大进展。2012 年，广州港完成货物吞吐量 4.51 亿吨，成为我国重要港口。

2013—2018 年，山东、江苏、浙江、辽宁和广东为石油、天然气及其制品港口吞吐量较大的省份，其中山东是这一时期港口危化品吞吐量最大的省份。2016 年青岛港成为全国第一大油港，2017 年山东累计进口原油约 1.42 亿吨，同比增长 23.48%，成了我国最大的进口原油集散地。总体上，这一时期各省港口原油吞吐量不断增长。未来一段时期，港口石油吞吐量仍具有一定规模，增长态势平稳，对港口危化品物流能力提出了更高的安全要求。

3.1.3 主要港口的危化品吞吐量

我国主要港口大多进行危化品的运输，而危化品货物的储存是重要的危险源，构成重大安全隐患。如 2015 年发生特大危化品爆炸事故的天津港，是我国北方化工品中转的重要港口，化工产品需求量和运输量都很大。鉴于一些港口的天然气和化工品吞吐量完整统计数据较难获得，而油港是石油及其制品的重要吞吐港口，因此以石油及其制品作为港口危化品吞吐量的代表品类。根据 2018 年《中国港口年鉴》，各油港的石油吞吐量、原油储罐容量大小和各港口的石油年设计通过能力如图 3.6 所示。

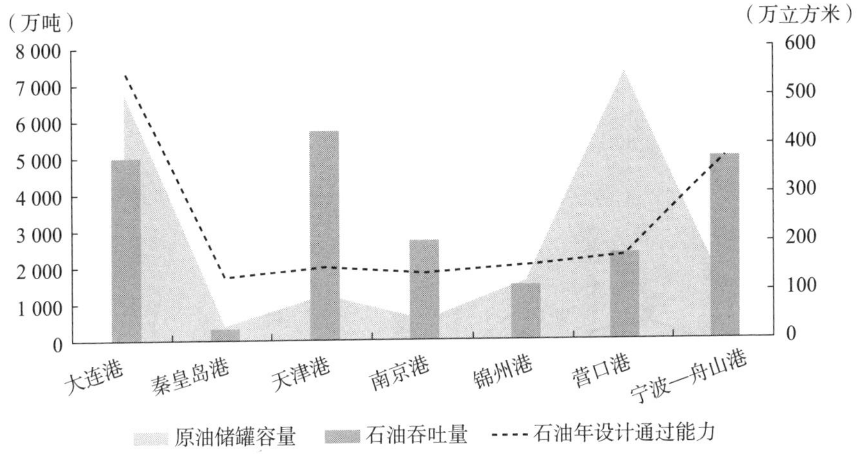

图 3.6　7 个油港原油储罐容量、石油吞吐量及石油年设计通过能力

由图 3.6 可知，我国 7 大油港石油及其制品吞吐量从大到小依次是天津港5 707万吨、宁—舟港5 023万吨、大连港5 000万吨、南京港2 715万吨、营口港2 364万吨、锦州港1 485万吨和秦皇岛港 317 万吨。各港口的石油年设计通过能力不同，其中天津港为2 000万吨、大连港为7 285万吨、宁—舟港为4 970万吨、南京港为1 800万吨、营口港为2 300万吨、锦州港为2 000万吨、秦皇岛港为1 700万吨。

分析发现，天津港石油实际吞吐量远大于其年设计通过能力，南京港实际石油吞吐量也大于其年设计通过能力，天津港和南京港过载负荷给其带来风险。在原油存储能力方面，大连港和营口港的原油储罐容量分别为 510 万立方米和 551 万立方米，其他港口的原油储罐容量都在 100 万立方米及以下。与石油吞吐量相比，原油储罐容量较小，难以满足石油等危化品的存储需求，港口的危化品吞吐量与其规划的吞吐能力及原油储罐容量严重不平衡，构成安全隐患。

石油、天然气及其制品是通过港口进行中转和运输的重要危化品品类，图 3.7 是我国 10 个重要港口近三年石油、天然气及其制品吞吐量与投资情况的平均值统计。

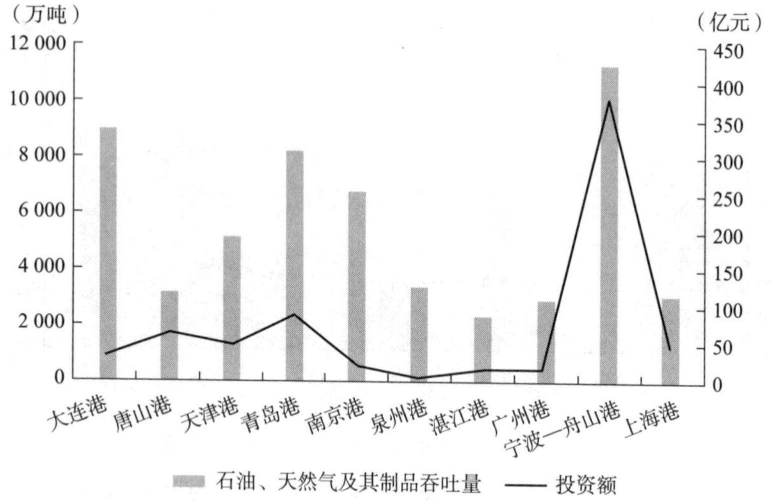

图 3.7 港口石油、天然气及其制品吞吐量和投资额

石油、天然气既是重要的危化品，也是通过港口进行运输的主要货物种类。图 3.7 中柱状图显示了 10 个港口近三年石油、天然气及其制品吞吐量的平均值，以代表各港口的危化品吞吐状况。危化品吞吐量比较大的有宁—舟港、大连港、青岛港、南京港和天津港。图 3.7 中折线图显示了 10 个港口近三年的平均投资规模，投资额较大的有宁—舟港、青岛港和上海港。可以看出各港口的投资规模和危化品吞吐量并不完全匹配，一定程度上可以反映各港口发展并不平衡，存在着风险隐患。

基于 2008—2019 年《中国港口年鉴》的统计数据，整理得到 20 个港口的危化品吞吐量（由于化工原料及其制品、化学肥料及农药每个港口的数据较少，难以获得，以石油、天然气及其制品作为危化品的代表品类），具体如表 3.2 所示。

表 3.2 20 个主要港口危化品吞吐量 单位：万吨

港口	年份											
	2007	2008	2009	2010	2011	2012	2013	2014	2015	2016	2017	2018
宁—舟港	5 881	6 768	7 696	7 515	11 686	8 865	7 425	13 044	14 301	14 645	13 595	14 987
日照港	330	330	339	607	1 139	2 342	3 451	4 109	4 928	5 793	6 199	10 496
大连港	3 321	3 366	5 619	6 112	5 765	5 739	4 167	4 317	5 127	5 718	5 909	5 647

续表

港口	年份											
	2007	2008	2009	2010	2011	2012	2013	2014	2015	2016	2017	2018
天津港	2 675	4 305	4 876	6 151	5 934	5 495	5 307	5 256	5 448	5 143	5 707	6 701
营口港	225	550	1 148	2 119	2 507	2 849	2 937	2 695	2 944	4 384	4 260	1 727
上海港	399	426	430	2 530	2 694	2 425	2 653	2 401	3 005	2 972	3 164	3 000
烟台港	469	377	825	980	1 034	1 383	1 321	1 163	1 595	1 692	2 840	3 123
湛江港	1 939	1 928	2 020	2 392	3 038	2 305	2 480	2 461	2 119	2 898	2 837	2 759
北部湾港	220	531	850	1 222	2 141	2 262	2 260	2 295	2 256	1 979	2 450	2 900
青岛港	4 470	5 548	6 014	6 438	6 295	6 539	6 394	7 460	7 851	8 241	10 219	10 939
南京港	1 440	1 154	2 996	1 529	1 383	2 806	3 425	3 427	1 680	2 152	2 361	1 622
广州港	2 360	3 059	890	570	749	1 825	1 348	1 439	2 130	1 145	2 132	1 317
唐山港	0	99	96	719	1 286	1 344	1 256	1 498	1 659	1 767	1 935	2 401
南通港	476	616	717	950	1 095	1 247	1 377	1 273	1 365	1 498	1 720	2 202
深圳港	1 284	1 391	1 301	1 447	1 533	1 318	1 268	1 279	1 209	1 303	1 350	1 284
苏州港	285	300	299	410	369	384	487	626	728	739	873	911
黄骅港	0	0	0	0	0	47	183	222	267	456	478	516
秦皇岛港	768	889	891	931	977	970	880	767	740	378	364	307
连云港港	0	0	0	0	0	0	0	0	0	102	127	93
厦门港	0	0	0	0	0	0	0	0	0	345	103	490

将港口主要危化品品类的吞吐量分为4个标准，分别为5 000万吨以上、3 000万~5 000万吨、1 000万~3 000万吨和1 000万吨以下，并将20个港口分别对应到相应的吞吐规模，如图3.8所示。

由图3.8可知，一些港口十年前的危化品吞吐量并不大，随着城市规模和经济的发展，吞吐量慢慢开始增大，如日照港2007年吞吐量在1 000万吨以下，从2016年起超过5 000万吨。根据吞吐量大小，将港口石油、天然气及其制品吞吐量达5 000万吨以上的作为重要的危化品吞吐港口，选择近年来危化品吞吐量相对较大的17个港口进行研究，分别为吞吐量5 000万吨以上的宁—舟港、青岛港、日照港、天津港和大连港，吞吐量3 000万~5 000万吨的烟台港和上海港，吞吐量1 000万~3 000万吨的北部湾港、湛江港、唐山港、南通港、营口港、南京港、广州港、深圳港，以及 1 000 万吨以下的秦皇岛港和苏州港。

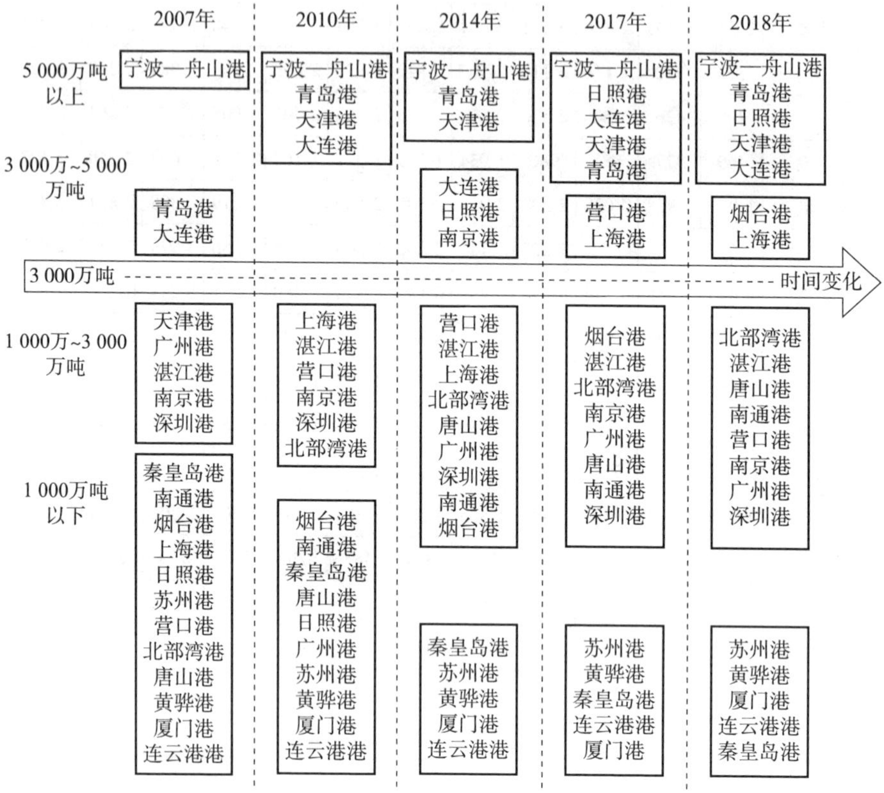

图 3.8 我国 20 个港口石油、天然气及其制品吞吐量

3.2 港口危化品物流风险现状分析

2018 年，随着供给侧结构性改革的深化，石油化工行业加快去产能和加强环境保护。截至 2018 年，石油化工行业增加值比上一年增加了 4.6%。最近几年，个别省市发生危化品重大安全事故，引起较大的社会舆论关注和人员财产损失。根据 2019 年《中国物流年鉴》，现阶段我国已成为危化品生产和消费大国。据统计，2018 年我国危化品货物运输量超过 16.5 亿吨，占年运输总量的 30%以上，占水路运输的 60%以上，且逐年上升，其中铁路运输量 1. 26 亿吨、水路运输量 3 亿吨。

3. 2. 1 我国水运交通事故统计分析

危化品运输主要包括水运、陆运和管道运输等。危化品运量大且种类多样，一旦发生危化品事故，后果严重。另外，其易爆炸等特点可使火灾快速扩散，影响更广、创伤性更强。根据 2009—2018 年《中国港口年鉴》的数据，统计和整理近十年全国发生的水运交通事故、死亡人数和经济损失，具体如图 3. 9 所示。

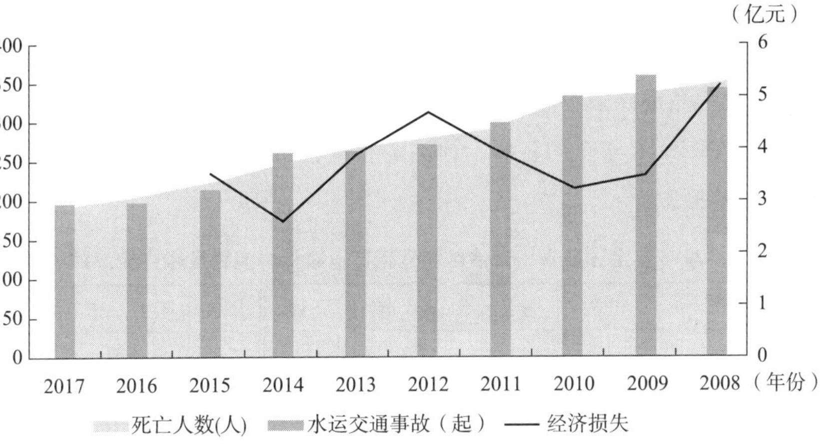

图 3. 9 我国 2008—2017 年水运交通事故、死亡人数和经济损失统计

由图 3. 9 可知，近十年水运交通事故的发生数量总体呈下降趋势，从 2008 年的 342 起降至 2017 年的 196 起，事故造成的死亡人数也逐年递减，从 2008 年全年因水运交通事故死亡 351 人降至 2017 年的 190 人，可见死亡人数和事故数量变化呈现一致性；事故数量减少，死亡人数也随之降低。在经济损失方面，由于最近两年的统计年鉴没有相关数据，只对 2008—2015 年事故造成的经济损失进行统计，发现经济损失和事故发生数量变化没有呈现出一致性，经济损失并没有随着事故数量的减少而降低。我国每年水运交通事故造成的经济损失平均在 3. 8 亿元左右，水运交通事故造成的经济损失较为严重。

3.2.2 我国危化品道路运输事故统计分析

根据2019年《中国物流年鉴》的数据，我国每年发生危化品道路运输安全事故上百起，给人民的生命财产安全带来了巨大损失，危化品物流业安全形势十分严峻。据不完全统计，截至2018年10月底，公路运输环节发生与危化品相关的交通事故约304起。

导致国内危化品事故多发的主要原因有自燃、爆炸、着火和泄漏等，其中引发危化品道路运输事故的主要原因有爆胎、刹车和侧翻等。

目前，危化品道路运输行业进入门槛不高，从事危化品道路运输的物流企业有1万多家，从事危化品运输的车辆约有30万辆，相关工作人员达120万。危化品道路运输企业的状况在一定程度上反映了危化品物流行业的整体状态。2018年全国各省、自治区和直辖市危险货物道路运输企业户数统计如表3.3所示。

表3.3 2018年全国各省、自治区和直辖市危险货物道路运输企业户数统计

排名	省（区、市）	户数	排名	省（区、市）	户数	排名	省（区、市）	户数
1	辽宁	997	12	江西	313	23	贵州	232
2	江苏	926	13	河南	308	24	广西	222
3	山东	875	14	湖北	303	25	宁夏	200
4	广东	808	15	湖南	284	26	天津	180
5	河北	751	16	内蒙古	282	27	云南	169
6	浙江	665	17	上海	275	28	重庆	152
7	黑龙江	426	18	安徽	272	29	青海	64
8	陕西	407	19	甘肃	263	30	海南	37
9	四川	385	20	福建	242	31	西藏	36
10	新疆	374	21	北京	239	—	—	—
11	吉林	364	22	山西	232	—	—	—

由表3.3可知，从事危化品道路运输企业主要集中于辽宁、江苏、山东、广东和河北等地区，这与港口危化品吞吐量较大的省市较为吻合。另外，国内危化品道路运输事故多发还有以下几方面原因：一是行业规模

化、专业化、集约化发展相对滞后。例如，危化品物流车辆日均行驶里程和日均行驶时间较业内先进的快递快运有较大差距。二是从业人员专业化水平较低，危化品物流一线操作人员专业化水平不高，缺乏应急技术，一些事故的发生和扩大主因在于一线人员防风险的能力和意识的欠缺。三是监管不力，相关部门对危化品物流运输的规范和引导不够，制度缺失和检查流于形式，部分地区采用简单粗暴的处罚方式，不能进行有效管理，这些都不利于危化品物流行业的安全健康发展。对于化学品仓储企业和水路运输企业，不仅要提升其船舶工具的技术装备水平，还要加强对物流运作全过程的监管，才能确保危化品物流运输的安全发展。

3.2.3 世界危化品水运事故统计分析

根据国际海事信息网发布的世界水运事故数据，2014—2017 年一共发生 299 起世界水运事故(2018 年后国际海事信息网未发布相关数据)。对具体事故船舶类型和事故发生的原因进行归类和分析，具体如图 3.10 所示。

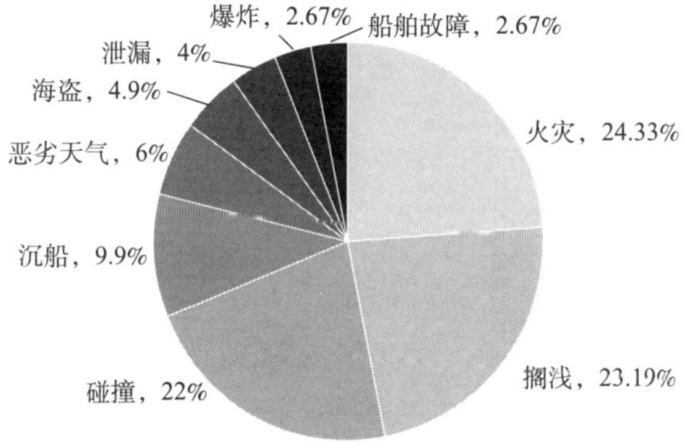

图 3.10　2014—2017 年世界水运事故原因分析

通过对相关事故信息进行三维统计分析发现，引起事故的原因为失火(24.33%)、搁浅(23.19%)、撞船(22%)、恶劣天气(6%)、漏油(4%)、船舶故障(2.67%)、沉船(9.9%)、海盗(4.9%)和爆炸(2.67%)。失火造成的事故占比最高。搁浅是第二大原因，当船舶吨位过大，难以操作控制，不能灵活规避风险，且远距离水路运输对运费较为敏感，常有超载情况，造成货重压船；另外驾驶员对航道不熟悉等也容易引起搁浅。撞船主要发生在货船之间，这是因为货船装载量大，一旦发生危险，难以调整航线。爆炸主要是由危险货物引起。海盗导致的海上运输风险，主要发生于2014年之前。漏油和船舶故障引发的事故也较为常见。恶劣天气是水路运输中常遇到的重要风险情景，恶劣天气易引起海浪、龙卷风或海啸等风险。因此，必须加强海上物流安全，减少货物损失，保障海上运输安全健康发展。

综合对比危化品道路运输事故原因和水路运输事故原因可发现，一是爆炸和失火是发生事故的共同原因，是危化品物流事故不同于一般事故的重要特点。二是道路和水路运输事故的发生与其交通工具故障有直接关系，很多事故是由于车辆侧翻或船舶故障引起的。三是道路和水路运输事故常与天气条件相关，极端恶劣天气易引发危化品物流事故。四是道路和水路运输事故常与人员的不当操作有关，驾驶员及其他操作人员的操作不当或对路线不熟悉常引起翻车或搁浅，从而发生事故。图3.11反映了事故与船舶类型的关系。

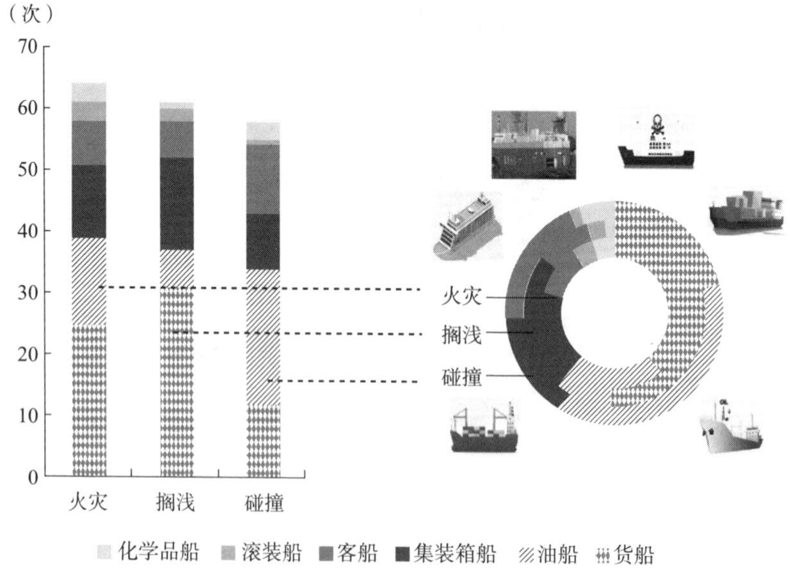

图3.11　发生海运事故的船舶类型

由图 3.11 可知，在引起事故的前三种原因中，6 种船舶的事故发生率较高。货船、油船、集装箱船为事故发生次数较多的船舶类型，客船、滚装船和化学品船为事故发生次数相对较少的船舶类型。在失火引发的事故中，船舶类型主要为货船和油船。在搁浅引发的事故中，船舶类型主要为货船、油船和集装箱船。在撞船引发的事故中，船舶类型主要为货船、油船、集装箱船、客船。在发生事故的船舶中化学品船所占比重较小，但是事故引发的后果一般比较严重。综上所述，在世界范围内，通过港口运输的危险货物数量巨大，事故造成的损失也较为严重。因此，加强港口危险货物物流安全管理具有重要意义，是海运和港口绿色安全发展的基础。

3.3 港口危化品物流风险特点分析

3.3.1 港口危化品物流特点

货物运输方式多种多样，但大部分货物运输主要采用铁路、公路、水路、民用航空和管道运输五种方式，构成了较为完善的交通体系，图 3.12 是 1999—2018 年各运输方式的货运量情况统计。

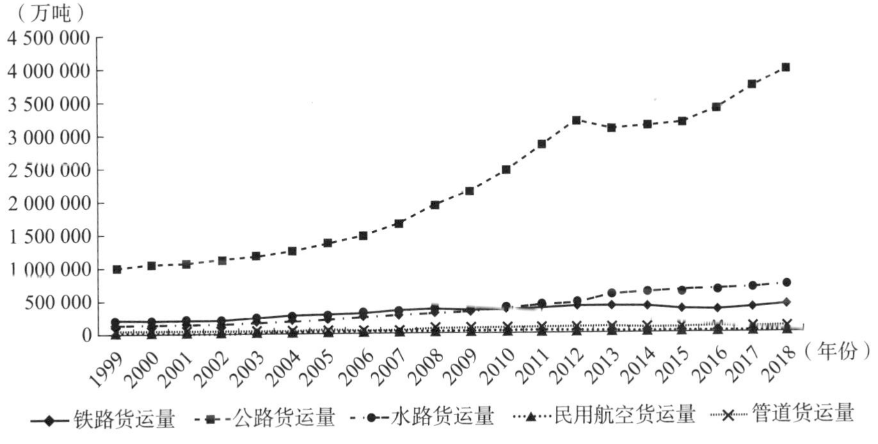

图 3.12　我国 1999—2018 年不同运输方式的货运量

根据国家统计局数据，2018 年我国铁路货运量为 40.3 亿吨、公路货运量为 395.7 亿吨、水路货运量为 70.2 亿吨、民用航空货运量为 739 万吨、管道货运量为 9 亿吨。水路货运量位居第二，水运是重要的运输方式。

根据 2021 年国民经济和社会发展统计公报，2021 年五种运输方式的货运量占总货物运输周转量的比例如图 3.13 所示。

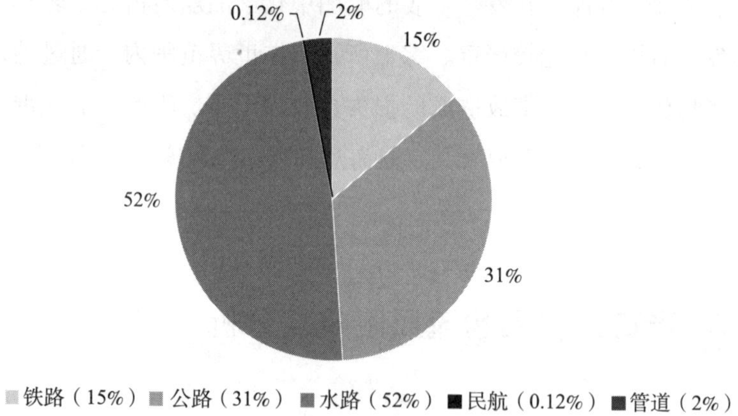

图 3.13 2021 年我国各种运输方式的货物运输周转量占比

根据国家统计局数据，2021 年我国共完成货物运输周转量 223574.4 亿吨公里，其中铁路货物运输周转量为 33190.7 亿吨公里、公路货物运输周转量为 69087.7 亿吨公里、水路货物运输周转量为 115577.5 亿吨公里、民用航空货物运输周转量为 278.2 亿吨公里、管道货物运输周转量为 5440.3 亿吨公里，水路货物运输周转量占总货物运输周转量的 52%，是一种重要的交通运输方式。1999—2017 年我国各种运输方式的平均运输距离如图 3.14 所示。

根据国家统计局数据，2017 年铁路货物运输平均运输距离为 731 千米、公路货物运输平均运输距离为 181 千米、水路货物运输平均运输距离为 1 477 千米、民用航空货物运输平均运输距离为 3 450 千米、管道货物运输平均运输距离为 594 千米。从总体上看，民用航空货物运输的平均运输距离最长。

根据国家统计局统计数据，2017 年我国铁路运输业从业人员 185 万人、公路运输业从业人员 385 万人、水路运输业从业人员 44.2 万人、民

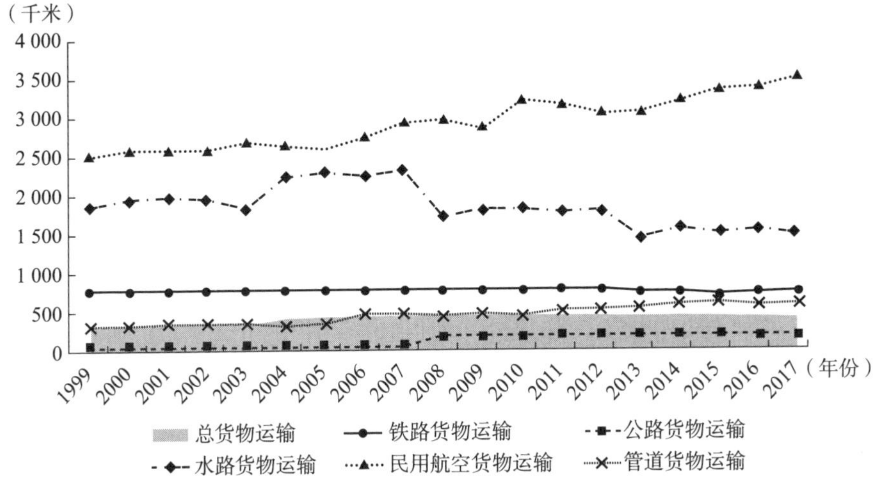

图 3.14　1999—2017 年我国各种运输方式的平均运输距离

用航空运输业从业人员 62 万人、管道运输业从业人员 3.7 万人，各运输业从业人员数分别占运输业从业人员总数的 27%、57%、6%、9% 和 1%。水路运输业从业人员超过 44 万人，是开展港口物流活动的重要基础(见图 3.15)。

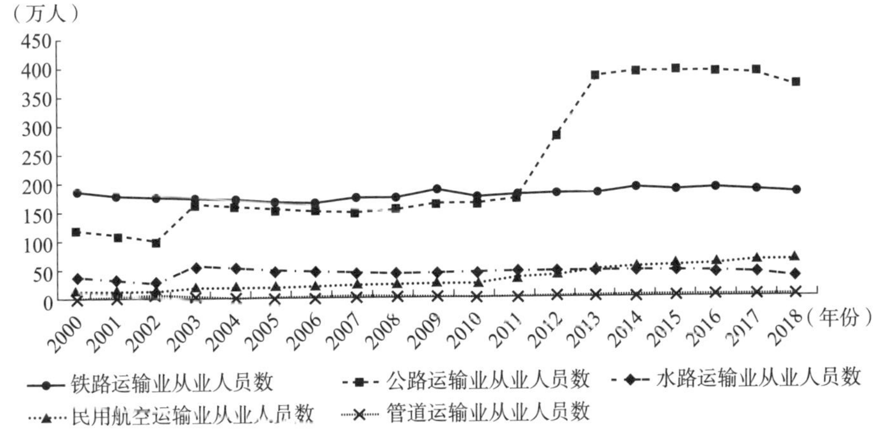

图 3.15　我国 2000—2018 年各种运输方式的从业人员数

本书研究的港口危化品物流风险主要指在港口进行的装卸、运输、中转和存储等危化品物流作业中所面临的风险。港口危化品物流风险主要源于危化品本身或在物理作业过程中发生的危险。表 3.4 为主要危化品运输方式及其优缺点。

表 3.4　主要危化品运输方式及其优缺点

运输方式	优缺点
公路运输	货运总量较大、解决就业人数多、可解决“最后一公里”问题、灵活方便；适用于中短距离的运输，但成本高、平均运输距离较短
水路运输	货运量大、适用于大宗货物，周转率较高、成本低、运输距离较长；但效率低、人力成本高，只能到达内河及沿海地区，需要与其他运输方式结合
铁路运输	运输量大、时效较强、安全；但路线不够灵活，需要与其他运输方式结合
管道运输	货运总量较大、占地面积小、持续性强，可以完成“门到门”运输；但运输距离较短、建设周期较长、前期投资大，主要适用于气体或液体等危化品运输
民用航空运输	平均运输距离最长、速度快、时效强、较安全；但受天气影响大、成本高、运输量小，需要的人力较少

对于危化品而言，一般先通过水路运输，再经由道路运输或管道运输，最终送达目标客户手中。因此，加强港口危化品物流风险管理十分必要。

根据港口吞吐货物的分类，通过港口进行运输涉及的危化品主要有三大类。辽宁海事局建设的船载危险货物属性查询平台，是我国唯一以船载货物运输安全为目标建立的危险货物数据库。根据该数据库的记录进行查询，获取以下相应危险货物运输信息分类标识。

第一类是石油、天然气及其制品，包括原油。2017 年全国港口石油、天然气及其制品吞吐量为 10 亿吨，占全年货物运输总量的 7.9%。根据船载危险货物属性平台信息，石油编号为 8002-5-9、天然气编号为 8006-14-2。

第二类是化工原料及其制品。2017 年全国港口化工原料及其制品吞吐量为 26 928 万吨，占全年货物运输总量的 2.1%。化工原料及其制品主要用于工业、制药和建筑等行业，根据船载危险货物属性查询平台信息，硫酸铵编号为 7727-54-0、次磷酸钙编号为 7789-79-9、过硫酸钾编号为 7727-21-1。

第三类是化学肥料及农药。2017 年全国港口化学肥料及农药吞吐量为 4 866 万吨，占全年货物运输总量的 0.4%。化学肥料及农药含有微量危化品成分，根据船载危险货物属性查询平台信息，钾肥中含有的化学肥料及农药危化品成分包括 7757-79-1 硝酸钾等。

通过分析全国港口危化品货物吞吐量，可以看出石油、天然气及其制品是重要的港口危化品货物品类，在港口物流中占有重要地位；化工原料及其制品也有万吨左右的规模；化学肥料及农药占比较小。通过对港口危化品物流的货物分类、梳理危化品货物的危险性，可以看出港口危化品物流的特点。

(1)港口危化品物流运输量大，且以石油、天然气及其制品为代表

基于全国规模以上港口分类货物吞吐量的分析，通过港口进行运输的危化品数量巨大，如第一类危化品就占港口货物总吞吐量的8%，加上化工原料和化学肥料涉及的危化品货物，危化品在港口物流中占比10%左右，是港口物流的重要组成部分。

(2)港口危化品种类繁多、性质各异

截至目前，船载危险货物属性查询平台(http：//www. yjzxln. msa. gov. cn/dgap/about)已收录5 259条危险货物的属性资料，每年通过港口进行运输的危化品货物种类多，且每种危化品都有其特殊属性。

(3)港口危化品物流风险大，事故后果严重

港口危化品物流与普通货物的区别在于，一旦发生事故其危害性更大。危化品作为一类特殊货物，若发生危险事故，容易加重危害程度。

(4)港口危化品物流涉及多个部门，管理困难

由于危化品的特殊性，其管理涉及多项规定，如危化品的生产、使用和运输等需要符合相关规定。国务院发布的《危险货物安全管理条例》第六十七条规定：进行生产或者进口危险货物企业，必须在指定的负责危险货物登记的相关机构进行危险货物登记。同时，在港口进行运输的危化品应报相关港口行政管理部门等进行登记，在港区开展的危化品物流作业也应报港口等相关部门审核。国务院颁布的《国内水路运输管理条例》规定，运输危险货物时，应遵守各项规定，同时运输船舶需要依法取得危险货物适装证书，遵守安全技术规范进行运输，以防范危化品物流风险。

近年来，我国石油化工等产业发展迅猛，对危化品的需求日益增加，物流各环节如包装、装卸和存储随之快速发展，为港口危化品物流的发展带来了机遇和挑战。为此，要重视港口危化品物流风险的管控，保证港口的安全发展和社会稳定。

3.3.2 港口危化品物流风险特点

基于港口危化品物流现状宏观和微观层面的分析，以及相应统计，研究发现港口危化品物流风险具有以下几个特点。

(1)从危化品物流事故原因看，引发事故的原因众多

危化品物流事故致因要素多达几种到十几种，且每一种事故致因要素的作用皆是不同的。有的因素反复起作用，有的因素偶尔出现，引发事故的原因是离散的，无明显规律可循。

(2)引发事故的因素之间具有耦合性

有些事故是在多方面的成因共同作用下发生的，多种因素叠加，具有耦合性。

(3)危化品物流事故后果严重

危化品物流事故造成的经济损失十分严重。事故不仅对经济和环境等造成重大影响，还会造成严重的人员伤亡，产生较大的舆论反应，引发社会的广泛关注，这是不同于其他事故的重要特点。

(4)分析道路和水运危化品物流事故原因可以看出，事故具有可重复性

很多事故具有相同的原因，无论引发事故的外部环境条件是否一致，有些因素都可以导致事故重复发生。例如，很多危化品事故是由危化品爆炸引起的。因此，针对事故原因，我们可以通过学习事故案例建立预案，研究事故发生的条件和概率等，吸取经验教训，建立完整的管理体系。

(5)应急或救援措施难以实施

在水运交通事故中，由于环境的特殊性，难以开展有效的救援。尤其是危化品物流事故，一旦发生后果较为严重，难以控制。

(6)风险的不可控性

不同于其他事故风险，危化品物流事故容易发生火灾或者爆炸，影响较大。危化品物流事故一般容易造成泄漏或者爆炸等，使得风险更加难以控制。因此，加强对港口危化品物流吞吐量、重点吞吐港口分布、事故现状以及事故特点的研究了解，可为港口危化品物流风险评估和管理奠定基础。为此，下面对影响港口危化品物流风险的因素进行深入辨识和分析。

根据港口危化品物流风险的特点，以及以上各类引发危化品事故的原因分析，引发海运物流事故的因素和过程虽然复杂，但总的来说可以分为以下三类。

人的原因。研究表明，所有事故中，人的不安全行为往往是直接原因。在海运物流事故管理中，有些企业存在安全投入不足、没有建立突发事故应急管理部门、一线工作人员对船舶和机器等检查不及时、灭火器数量不足、员工专业知识培训不够、员工对航行路线不熟悉等问题。

物的原因。除了人的方面，事故还与人的操作对象有关，包括船舶、机器和设备以及危化品。危化品本身存在风险，需要有一定的存储和运输条件。在实际运输中，各物流环节的不同管控水平，可能导致危化品发生危险的概率随之发生变化。危化品物流中的存储集装箱、储罐或冷藏等存储设备存在风险时，也会引发危化品物流事故，任何不安全因素都可能导致事故的发生。

事的原因。事即对物和人的安排，对物不安全状态的检查、对人不安全行为的培训和监督，通过组织机构、规则制度、培训考核以及管理安排等体现出来，多为引发事故的间接原因。

3.4 本章小结

本章对港口危化品物流现状及其风险特点等进行分析和梳理，以便对港口危化品物流风险有更深刻的理解，从而为开展合理有效的风险评估和监管研究提供基础。

分析港口危化品物流的现状可以看出，一方面，通过港口进行运输的货物中，危化品是重要的货类，占有一定比重；我国主要港口都涉及危化品物流，而且吞吐量较大，因此有必要对其进行安全管理。另一方面，在危化品运输的各种方式中，通过港口运输的危化品占比较大，从侧面印证了港口危化品物流在港口物流中的重要性。

根据港口危化品物流风险的现状可以看出，一方面，港口危化品物流与一般货物物流不同，应该将其安全性放在第一位。另一方面，港口危化品物流事故形式主要为爆炸和火灾等，应关注港口危化品的物流风险。

根据港口危化品物流风险特点可以看出，多数情况下港口危化品物流风险比一般物流风险大，后果更严重，且原因具有重复性和耦合性，很多事故由多种原因叠加造成。因此，考虑风险因素耦合对风险的影响对研究港口危化品物流风险有重要的意义。

基于以上分析可以看出，影响港口危化品物流风险的因素众多，且影响事故的因素具有耦合性即叠加发生的特点。因此，如何对众多风险影响因素进行识别、如何对耦合风险进行刻画，应是下一步研究的重点。对港口危化品物流风险特点的梳理和深入分析，可为合理开展港口危化品物流风险评估提供基础。

第 4 章

港口危化品物流风险影响因素识别

分析港口危化品物流风险现状及特点，发现影响港口危化品物流风险的因素众多，且交互影响。准确识别众多风险影响因素是对其进行提取的前提，这是本章的研究重点。本章主要通过构建港口危化品物流风险的影响因素集，对影响风险的因素进行识别。风险影响因素识别方法很多，各有优劣，根据研究的实际需要，本章采用层次聚类算法(Clustering Algorithms，CA)与 BP 神经网络(Back-propagation Neural Networks)，结合传统 DEMATEL(Decision Making Trial and Evaluation Laboratory)模型的优点，构建 CBP-DEMATEL 模型，并利用 MATLAB 编程。首先对风险影响因素进行分类，再通过分析港口危化品物流风险影响因素的直接关联矩阵，得到港口危化品物流风险影响因素的类别及重要程度，为下一步风险评估指标选择提供支持。本章的研究思路为：在传统 DEMATEL 方法的基础上，引入层次聚类算法进行指标分类，通过 BP 神经网络得到较为客观的直接关联矩阵，最终建立识别危化品物流风险的影响因素模型。基于 2008—2018 年 15 个重要危化品吞吐港口的历史数据对港口危化品物流风险的影响因素进行分析，找出原因型影响因素和结果型影响因素，并给出对策与建议。港口危化品物流风险影响因素分析流程如图 4. 1 所示。

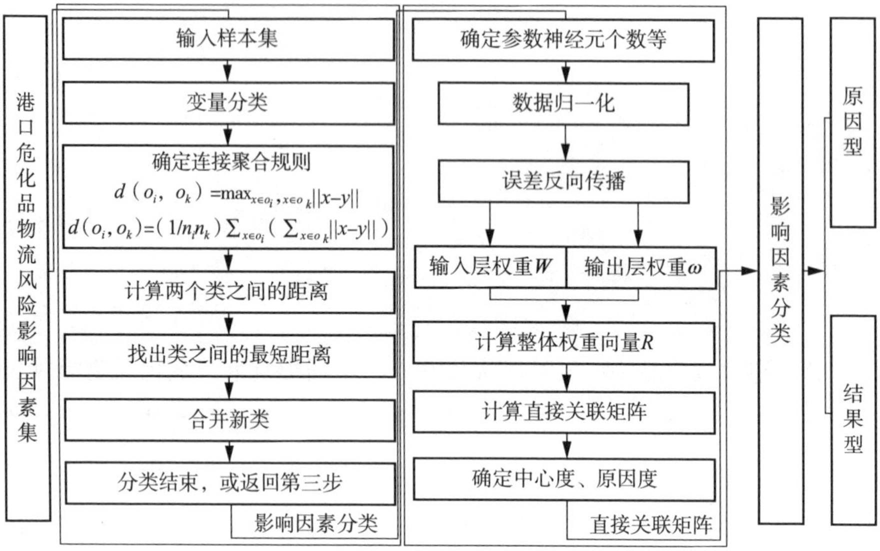

图 4.1　港口危化品物流风险影响因素分析流程

4.1　模型概述

基于传统 DEMATEL 方法识别风险影响因素，过多依赖专家打分法，过于主观。针对这一不足，为了更好地识别风险影响因素的分类和影响程度，对其进行改进，加入聚类分析算法和 BP 神经网络进行优化。通过聚类分析算法可以根据风险影响因素的特点对其进行分类，采用 BP 神经网络可以获得不需要专家打分的权重矩阵，从属性分类和影响程度两个方面对港口危化品的风险影响因素进行识别，从而进行客观化、定量化和可操作化研究。

4.1.1　基本方法

(1)层次聚类分析

Everitt 在 1974 年对聚类的概念进行了诠释，认为内部相似则分为一个类或簇，而不同的则分属于不同的类或者簇；同一个类或簇特点是不同的点向一个测试点聚集，可以用数学方式表示，即属于同一类或者簇的任意两点间的距离不大于不同类之间任意两点的距离。[109-110]因此，可以用类或簇描述多维空间中的一个连通区域，这个区域范围是一个包含密度相对较高的点的集合，并可通过包含密度这个特点与其他类或簇相区别。

聚类属于无监督的分类，是没有专家参与的分类，没有任何先验经验可以采用，聚类可以用如下方式表示：集合 $U=\{p_1, p_2, \cdots, p_n\}$，$p_i$ 表示第 i 个样本；$C_t=\{p_{t1}, p_{t2}, \cdots, p_{tn}\}$ 表示第一个样本下所属的类，C_t 表示聚类分类的结果，并满足如下条件：

$$U_{t=1}^{k} C_t = U$$

若 $\forall C_m/C_r=U$，$C_m \neq C_r$，则有 $C_m \cap C_r = \varnothing$。

聚类分析是数据分析领域重要的研究方法之一，是将一个集中的数据对象划分为由类似的对象组成的多个类或簇的过程，应用于多个领域。聚类的过程是将具有相同属性的数据放在一个集合里的过程，不同类之间的数据存在较大差距。有很多聚类算法，常见的有划分方法、基于密度和模型的算法等。在聚类问题中，较为经典的算法是 K-means 算法，主要流程为：首先定义包含 n 个数据对象的数据集和聚类的数目 K，其次把 n 个数据中的 K 个对象作为初始聚类中心，通过计算数据集中其他每一个数据到 K 个聚类中心的距离，最后对距离最短的进行分类，得到对应的类；通过计算新形成类的聚类中心，并不断重复这一过程，直至获得合理的分类。

聚类分析有多种，层次聚类是重要的一种，运用较为广泛，又称系统聚类。根据研究的数据集特点，本书在此采用层次聚类分析，将多个样本看成多个类，将距离接近或者性质接近的两个类合并成一类。层次聚类分析既可以对样本进行聚类也可以对变量进行聚类，缺点是复杂性高，一般表示为 $O(n^2 \lg n) \sim O(n^3)$，[111]比较适合数据集规模较小的分类，当样本较大时，此方法运算速度明显变慢。数据的连接规则是层次聚类分析法采用的规则，通过层次架构对数据进行分析，不断进行分裂或聚合，形成一个聚类的求解过程。层次聚类算法的核心部分是计算数据之间距离的方式，包括两个核心内容：一是相似性的度量，二是连接的法则选取。参数的相似性一般利用欧氏距离进行衡量。连接规则包括5种常见的规则，5种连接规则的定义方式如下[112]：

单连接聚合规则：$d(o_i, o_k)=\min_{x\in o_i, y\in o_k}\|x-y\|$；

全连接聚合规则：$d(o_i, o_k)=\max_{x\in o_i, y\in o_k}\|x-y\|$；

类间平均连接：$d(o_i, o_k)=(1/n_in_k)\sum_{x\in o_i}(\sum_{y\in o_k}\|x-y\|)$；

类内平均连接：$d(o_i, o_k)=[1/C(n_i+n_k, 2)]\sum_{x\in o_i}(\sum_{y\in o_k}\|x-y\|)$；

沃德法：$d(o_i, o_k)=[1/(n_i+n_k)]\sum_{x\in(o_i, o_k)}\|x-n\|^2$，其中 n 为聚类的中心。

层次聚合算法从底部开始进行，一层一层向上聚合，这种过程类似树状结构，具体方法如下。

步骤1：假设样本集为 $S=\{o_1, o_2, \cdots, o_n\}$，共有 n 个样本。

步骤2：初始化，将每个样本设为一类，形成 n 个类，分别为 $o_1, o_2, \cdots, o_n$。

步骤3：计算最近的两个类之间的距离，得到 $\text{distance}(o_i, o_k)=\min_{\forall o_u, o_v\in S}\text{distance}(o_u, o_v)$，且 $o_u\neq o_v$。

步骤4：计算现有所有类之间的距离，找出距离最近、相似度最大的两个类。

步骤5：合并新类，o_i 和 o_k 合并为新类 o_{ik}^*。

步骤6：所有样本分类结束，终止算法；否则，返回第3步。

(2)BP神经网络

人工神经网络是一种抽象思维(Artificial Neural Network，ANN)，是对人脑神经网络的模拟和衍生，BP神经网络是其中的一种，特点在于误差反向传播，[113-114]通过活化函数进行反馈，经过一个或多个隐含层，通过权值将相邻的层进行连接，信息一步一步向前一层传递以纠正偏差。采用BP神经网络进行权值学习时，对比目标的输出与实际结果的偏差进行反馈，修改每一层得到的权值。图4.2为BP神经网络结构。

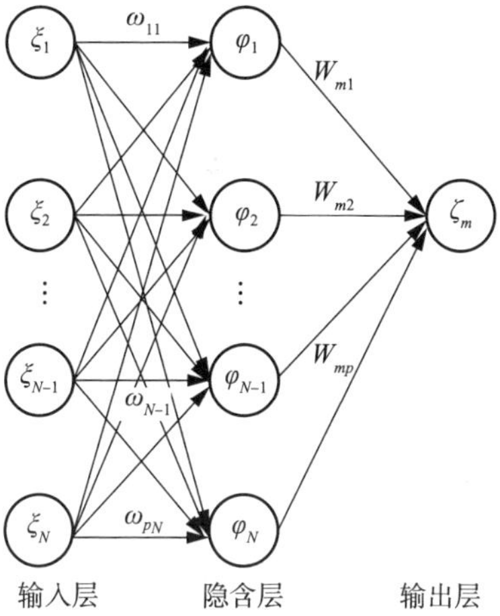

图 4.2　BP 神经网络结构

应用 BP 神经网络时，要根据研究数据的特点，先确定一个活化函数 g：R^1—R^1，得到权值矩阵 $\boldsymbol{W}^0=\{W_{mp}^0\}_{M\times P}$ 和另一个权值矩阵 $\boldsymbol{\omega}^0=\{\boldsymbol{\omega}_{pn}^0\}_{1\leqslant p\leqslant P,1\leqslant n\leqslant N}$，对任何一个输入信息量 $\xi^0=(\xi_1, \xi_2, \cdots, \xi_n)\in R^N$，求解网络的实际输出的算式为：

$$\zeta^0=g(W_m^0\cdot\varphi^0)=g(\sum_{p=1}^{P}W_{mp}^0\cdot\varphi_p^0) \tag{4.1}$$

其中，$m=(1, 2, \cdots, M)$。

求解 BP 神经网络中，隐含层输出的计算公式为：

$$\varphi_P^0=g(\boldsymbol{\omega}_m^0\cdot\xi)=g(\sum_{n=1}^{N}\boldsymbol{\omega}_{pn}^0\cdot\xi_n) \tag{4.2}$$

其中，$p=(1, 2, \cdots, P)$，令样本输入向量为$\{\xi_j\}_{j=1}^{J}\subset R^N$，相应理想输出为$\{O_m\}_{m=1}^{M}\subset R^M$，并假设$\{\zeta_m\}_{m=1}^{M}\subset R^M$ 为网络实际输出，则求解误差函数的算式为：

$$E(W, \omega)=\frac{1}{2}\sum_{m=1}^{M}\|O_m-\zeta_m\|^2 \tag{4.3}$$

其中，$\|\cdot\|$为欧氏范数。

目前，BP 神经网络的应用较为广泛，涉及多个领域，主要有风险影响因素研究、预测应用、综合评价和改进等，具体如下。

在风险影响因素研究方面，为了避免评估指标权值确定的主观性等欠缺，戴文战较早地将 BP 神经网络应用于多指标评估方法的构建，构建指标权值向量。[115]崔强等基于航空港竞争力影响因素多且相互关联的特点，构建了 BP 神经网络结合传统 DEMATEL 方法的影响因素分析模型，丰富了影响因素研究的理论方法，为有效提取根本型影响因素提供了新思路。[116]黄智洵等基于 BP 神经网络并结合 VAR 和 GWR 模型，探讨了长江经济带生态文明水平影响因素的空间溢出效应，预测了各地理单元的生态文明水平。[117]潘雨红等通过对影响供应商选择的因素进行识别，应用 BP 神经网络并结合传统 DEMATEL 方法，对评价指标进行关联度分析，得到连接权值，进而为供应商的选择与评价提供了决策支持。[118]通过对原始性创新环境影响因素进行分析，成全等利用 BP 神经网络并结合传统 DEMATEL 方法对影响因素进行比较，得到对原始性创新环境这一系统目标更为重要的指标。[119]

在预测应用方面，左远龙等针对光伏发电短期预测模型的输入变量多且关系复杂情况，采用 BP 神经网络、主因子分析法 PFA 及优化天牛须搜索算法 MBAS 相结合的方式，对光伏发电进行短期预测。[120]马创涛和邵景峰针对 BP 神经网络预测泛化能力弱且预测精度低的问题，加入烟花算法进行改进，并进行仿真预测测试，改进后的预测误差率下降，并在寻优速度和寻优精度方面表现出较高的性能。[121]为进一步改善 BP 神经网络预测模型的精确程度，李松等采用粒子群算法改进原始算法，同时采用改进后的神经网络模型预测对比实时交通数据结果，改进后的模型准确率更高。[122]

在评价应用方面，朱庆锋等将模糊综合评估和 BP 神经网络结合，取其优点对化肥生产企业的运营情况进行了评价，将结果与实际情况相比较，二者大体一致，说明通过这种方法得到的综合模型是可靠的。[123]程波等在传统 AHP 方法中引入 BP 神经网络，避免了专家打分获取权重的主观性，构建了 IAHP-BP 神经网络模型，并采用改进模型对建筑企业进行评估，利用模型结论对评价结果进行了分析说明，且改进模型结果可靠。[124]基于巨项目不同于一般项目，资源投入巨大、投入产出多样等特点，任宏等先利用 DEA 方法对项目投入方案进行初评，选出有效方案，再基于遗传算法并结合 GA-BP 神经网络方法对筛选方案进行二次评价，最终选择最优方案。此方法一方面可以使方案更好地实现客观性，另一方面可以对方案进行排序。[125]

对 BP 神经网络改进方面，基于 BP 神经网络的特点，对目标输出和输入值求得权值矩阵 $\boldsymbol{W}$ 和 $\boldsymbol{\omega}$，用两者的乘积衡量各指标对目标输出的影响程度，以及指标之间的关系，常用梯度下降法，但该方法存在收敛慢、易陷入局部等缺点。[126] 因此，常从以下两方面对其进行改进：①重新定义误差项[127]或引入动量项自适应变速率，[116] 通过技术手段使算法计算中震荡减少，达到算法收敛加快的目的。②采用较为成熟的智能算法等对其进行改进，对新方法权值和阈值进行优化，增加 BP 神经网络收敛速度，找到最优解。[128-131]

(3)传统 DEMATEL 模型

由于不同的研究存在不同的影响因素，因此如何对影响因素进行识别和分析十分重要。DEMATEL 模型通过矩阵和图论进行分析，进而对系统影响因素进行识别，[132] 最先由美国 Battelle 实验室的学者提出，是一种常用于解决现实世界复杂问题的方法论，如研究系统的某一重要影响因素问题。但 DEMATEL 与层次分析 AHP 方法不同，无须独立的影响因素，而是直接从众多影响因素中识别根本和原因型因素。DEMATEL 方法主要利用图论和矩阵工具分析指标的逻辑关系，得到各个影响因素之间的关联矩阵，求解得到各因素的影响度与被影响度，也就是中心度与原因度。[116] 根据模型结果分析各因素所属类型，识别原因型影响因素和结果型影响因素，为下一步研究提供基础。DEMATEL 模型具体应用方法如下。

定义 1：定义直接影响矩阵，用 n 阶矩阵 $\boldsymbol{B}=(b_{ij})_{n\times n}$ 表示，b_{ij} 为 i 对 j 的影响。

定义 2：标准化直接影响矩阵。

$$\boldsymbol{X}=[x_{ij}]_{n\times n}=s\cdot\boldsymbol{B}=\boldsymbol{B}/\max_{1\leq i\leq n}\sum_{j=1}^{n}b_{ij}(i,\ j=1,\ 2,\ \cdots,\ n) \qquad (4.4)$$

定义 3：定义综合关联矩阵。

$$\boldsymbol{T}=(t_{ij})_{n\times n}=\boldsymbol{X}(\boldsymbol{I}-\boldsymbol{X})^{-1} \qquad (4.5)$$

其中，$(\boldsymbol{I}-\boldsymbol{X})^{-1}$表示矩阵$\boldsymbol{I}-\boldsymbol{X}$的逆矩阵，$\boldsymbol{I}$表示单位矩阵，$t_{ij}$为因素$i$对$j$的综合影响大小。

定义4：定义各影响因素的影响度和被影响度，为下一步分析提供基础。其中，D为T的各行之和，R为T的各列之和，则有：

$$T=[t_{ij}]_{n\times n} \tag{4.6}$$

$$D=[t_i]_{n\times 1}=\left[\sum_{j=1}^{n} t_{ij}\right]_{n\times 1} \tag{4.7}$$

$$R=[t_j]_{1\times n}=\left[\sum_{i=1}^{n} t_{ij}\right]_{1\times n} \tag{4.8}$$

将D_i+R_i定义为影响因素的突出度，D_i+R_i的值越大，影响因素的重要性越大；D_i-R_i是影响因素i的关联度。

当$D_i-R_i>0$，属于原因型影响因素；

当$D_i-R_i<0$，属于结果型影响因素。

从另一个角度来看，结果型因素是原因型因素影响的结果。关于DEMATEL方法的研究涉及多个方面，[133-137]如为识别企业绿色增长模式的影响因素，武春友等将灰数加入DEMATEL模型，分析了影响企业绿色增长模式的因素以及各因素之间的关系。[138]针对图书馆公众平台的传播的影响因素识别，张艳丰等采用DEMATEL模型从大众传播视角等进行了分析，根据识别结果，为高校图书馆公众平台提升传播效果贡献建议和对策。[139]通过对文献的整理分析，发现传统DEMATEL方法存在以下不足：①传统DEMATEL方法采用专家打分等方式获取直接关联矩阵，较为主观。②从原因和结果角度对影响因素进行识别，制约了人们对影响因素的其他方面的认识。

4.1.2 CBP-DEMATEL模型与优点

基于传统DEMATEL方法的不足，为更好地识别港口危化品物流风险影响因素及类别，以及研究不同影响因素对港口危化品物流风险的影响程度，构建CBP-DEMATEL模型对影响因素进行分析。采用融合聚类分析算法可以对不同风险影响因素指标进行分类，找到影响性质相近的因素类别，利用 MATLAB 的 CBP 神经网络算法，计算得到危化品物流风险影响因素的权值矩阵 $\boldsymbol{W}$ 和 $\boldsymbol{\omega}$，弥补传统 DEMATEL 方法获得直接关联矩阵过于主观的缺点。构建 CBP-DEMATEL 模型的算法步骤如下。

步骤 1：确定样本集合。集合 $\boldsymbol{U}=\{p_1, p_2, \cdots, p_n\}$ 表示一个样本集合，p_i 表示第 i 个指标因素中的样本，$\boldsymbol{C}_t=\{p_{t1}, p_{t2}, \cdots, p_{tn}\}$ 表示第一个样本所属的类，$\boldsymbol{C}_t$ 为聚类结果，在识别港口危化品物流风险影响因素时，应满足以下公式：

$$\boldsymbol{U}_{t=1}^{k}\boldsymbol{C}_t=\boldsymbol{U} \tag{4.9}$$

其中，$\forall \boldsymbol{C}_m/\boldsymbol{C}_r=\boldsymbol{U}$，$\boldsymbol{C}_m\neq\boldsymbol{C}_r$，$\boldsymbol{C}_m\cap\boldsymbol{C}_r=\varnothing$。

步骤 2：初始化，将每个影响因素设为一类，形成 n 个类，分别为 o_1，o_2，…，o_n。

步骤 3：计算最近两个类之间的距离，得到 $\text{distance}(o_i, o_k)=\min_{\forall o_u,o_v\in S}\text{distance}(o_u, o_v)$，且 $o_u\neq o_v$，并确定连接规则如下：

$$d(o_i, o_k)=\min_{x\in o_i,y\in o_k}\|x-y\| \tag{4.10}$$

$$d(o_i, o_k)=\max_{x\in o_i,y\in o_k}\|x-y\| \tag{4.11}$$

$$d(o_i, o_k)=(1/n_in_k)\sum_{x\in o_i}\left(\sum_{y\in o_k}\|x-y\|\right) \tag{4.12}$$

$$d(o_i, o_k)=[1/C(n_i+n_k, 2)]\sum_{x\in o_i}\left(\sum_{y\in o_k}\|x-y\|\right) \tag{4.13}$$

$$d(o_i, o_k)=[1/(n_i+n_k)]\sum_{x\in(o_i, o_k)}\|x-n\|^2 \tag{4.14}$$

步骤 4：计算现有所有类之间的距离，找出距离最近即相似度最大的两个类。

步骤 5：合并新类，o_i 和 o_k 合并为新类 o_{ik}^*。

步骤 6：所有样本分类结束，终止算法；否则，返回第三步。

步骤 7：分类完成后，对所有影响因素的样本数据进行 BP 神经网络优化前，将正负向指标分别按照熵权法进行归一化处理，公式如下：

$$x_{ij}=\frac{x_{ij}-\min\{x_{ij}, \cdots, x_{nj}\}}{\max\{x_{ij}, \cdots, x_{nj}\}-\min\{x_{ij}, \cdots, x_{nj}\}} \tag{4.15}$$

$$x_{ij}=\frac{\max\{x_{ij}, \cdots, x_{nj}\}-x_{ij}}{\max\{x_{ij}, \cdots, x_{nj}\}-\min\{x_{ij}, \cdots, x_{nj}\}} \tag{4.16}$$

步骤 8：设影响因素矩阵为 $\boldsymbol{x}=[x_{ij}]_{m\times n}$，目标指标矩阵为 $\boldsymbol{y}=[y_i]_{m\times l}$，将 $\boldsymbol{x}$ 和 $\boldsymbol{y}$ 分别归一化处理得到和，取两者平均值作为所有算法的目标向量。

步骤 9：把 $\bar{\boldsymbol{x}}$ 作为 BP 神经网络中港口危化品物流风险影响因素识别的输入向量，$\bar{\boldsymbol{y}}$ 作为 BP 神经网络港口危化品物流风险影响因素识别的目标输出向量。

步骤 10：计算整体权重向量 R，根据输入层的权重 $\boldsymbol{W}$、港口危化品物流风险影响因素识别隐含层与输出层的权重向量 $\boldsymbol{\omega}=(\omega)_{l\times 1}$，以及输入层与输出层的权值矩阵为 $\boldsymbol{W}=(W_t)_{n\times l}$，$l$ 为隐含层神经元的个数，计算如下：

$$\boldsymbol{R}=\mathrm{mean}(|W|\cdot|\omega|) \tag{4.17}$$

其中，$|\ |$ 表示矩阵内各元素的绝对值，若 $|W|\cdot|\omega|$ 的行数大于 1，则 mean 对 $|W|\cdot|\omega|$ 每列的结果取平均值。

步骤 11：计算各因素的直接关联矩阵 $\boldsymbol{B}=[b_{ij}]_{n\times n}$。

$$\boldsymbol{B}=[b_{ij}]_{n\times n}=\begin{bmatrix} b_{11} & b_{12} & \cdots & b_{1n} \\ b_{21} & b_{22} & \cdots & b_{2n} \\ \vdots & \vdots & \cdots & \vdots \\ b_{n1} & b_{n2} & \cdots & b_{nn} \end{bmatrix} \tag{4.18}$$

其中，$b_{ii}=0$ 和 $b_{ij}=r_i/r_j$ 是第 i 个影响因素相对第 j 个影响因素的重要性。

步骤 12：归一化港口危化品物流风险影响因素识别的直接关联矩阵。

$$\boldsymbol{X}=(x_{ij})_{m\times n}=\frac{1}{\max\limits_{1\leqslant i\leqslant n}\sum\limits_{j=1}^{n}b_{ij}}\cdot\boldsymbol{B} \tag{4.19}$$

步骤 13：计算港口危化品物流风险影响因素识别的全关联矩阵。

$$\boldsymbol{T}=\boldsymbol{X}(\boldsymbol{I}-\boldsymbol{X})^{-1} \tag{4.20}$$

其中，$\boldsymbol{I}$ 为 m 行 n 列的单位矩阵，$(\boldsymbol{I}-\boldsymbol{X})^{-1}$ 为矩阵 $\boldsymbol{I}-\boldsymbol{X}$ 的逆矩阵。

步骤 14：建立港口危化品物流风险影响因素识别因果关系，其中 $\boldsymbol{T}=(t_{ij})_{m\times n}$，$D$ 为矩阵 $\boldsymbol{T}$ 的各行元素之和，R 为矩阵 $\boldsymbol{T}$ 的各列元素之和，则：

$$D=(t_{i,:})_{n\times 1} \tag{4.21}$$

$$R=(t_{:,j})_{1\times n} \tag{4.22}$$

由式(4.21)和式(4.22)分别求得各指标的影响度、被影响度、中心度及原因度，并据此建立因果关系进行分析，认识所有港口危化品物流风险影响因素的类别及影响程度。采用 CBP-DEMATEL 模型进行影响因素分析，具有以下优点。

(1)基于聚类分析思想进行算法编程，对港口危化品物流风险影响因素进行分类，厘清不同类别的影响因素，可进一步加深对港口危化品物流风险影响因素的认识，在分类的基础上更好地刻画影响因素的耦合风险。

(2)根据 BP 神经网络的非线性特点，构建连接权值矩阵，求解港口危化品物流风险影响因素各指标之间的直接关联矩阵，从而避免专家打分获得直接连接矩阵过于主观的弊端，达到要素识别的目的。

(3)结合聚类分析和 BP 神经网络的 DEMATEL 模型，弥补了对影响因素不能分类分析的欠缺，解决了直接关联矩阵由专家打分获得过于主观的问题。采用 CBP-DEMATEL 模型可以更加客观地分析港口危化品物流风险影响因素。

4.2 影响港口危化品物流风险的关键因素分析

4.2.1 港口危化品物流风险影响因素

港口危化品物流风险影响因素指标由一系列与港口危化品物流风险有联系的指标构成。针对港口物流风险现状，应从多个角度反映港口危化品物流风险。目前，还没有统一的指标框架体系可以反映港口物流风险的影响因素，且相关研究较少，难以从已有研究成果进行总结。DPSIR(Driving forces-Pressure-State-Impact-Response)模型是欧洲环境局在“压力—状态—响应”情形下提出的一种基于“驱动力—压力—状态—影响—响应”模式的分析框架，[140] 常用来构建评价指标体系。[141-145] 基于现有的研究成果以及指标的科学性和数据可获得性，结合 DPSIR 模型从五个方面进行分析，研究港口危化品物流风险的影响因素，具体如下。

（1）驱动力方面。指增加或降低港口危化品物流风险的指标因素，包括港口城市生产总值、港口城市生产总值增长率、港口城市工业产值、港口城市工业产值增长率、港口营业收入、港口利润、港口城市石油加工业投资、港口城市石油及天然气开采业投资和交通固定资产投资等。

（2）压力方面。指增加港口危化品物流风险的因素指标，一般通过一些经济指标来衡量，如港口危化品吞吐量、港口货物吞吐量、港口集装箱吞吐量、旅客吞吐量、港口所属等级以及天然气消费量等。

（3）状态方面。指反映港口危化品物流现状的因素指标，包括港口泊位数、港口泊位长度、港口生产用码头数以及万吨级码头数量和分布、专业化泊位数量和分布、码头作业效率、港口城市人口密度等。

（4）影响方面。指反映港口危化品物流所产生的影响的因素指标，包括港口投资、港口城市交通运输从业人员工资水平、港口城市二氧化硫排放量、港口城市二氧化碳排放量、港口城市固体废弃物排放量、港口城市交通事故造成的损失和死亡人数等。

（5）响应方面。指反映响应对港口危化品物流风险产生影响的因素指标，包括应急设施建设、环境污染治理、危化品专业知识培训、港口年设计通过能力、应急管理和废弃物综合利用率等。

为使数据更科学准确，将上述不可观测及不可获得数据的因素剔除，得到影响港口危化品物流的主要因素如下。

驱动力方面主要包含 5 个影响因素：港口城市生产总值、港口城市工业产值、港口城市石油加工业投资、港口城市石油及天然气开采业投资和港口城市交通固定资产投资。压力方面包含 4 个影响因素：港口危化品吞吐量、港口货物吞吐量、港口城市石油及原油消费量和天然气消费量。状态方面包含 3 个影响因素：港口泊位数、港口泊位长度、港口城市人口密度。影响方面包含 5 个影响因素：港口投资、港口城市交通运输从业人员工资水平、港口城市工业二氧化硫排放量、港口城市交通事故造成的经济损失和死亡人数。响应方面主要包括 3 个影响因素：港口年设计通过能力、应急管理和废弃物综合利用率。通过上述 5 个方面 20 个因素初步确立了我国港口危化品物流风险的影响因素指标体系，具体如图 4.3 所示。

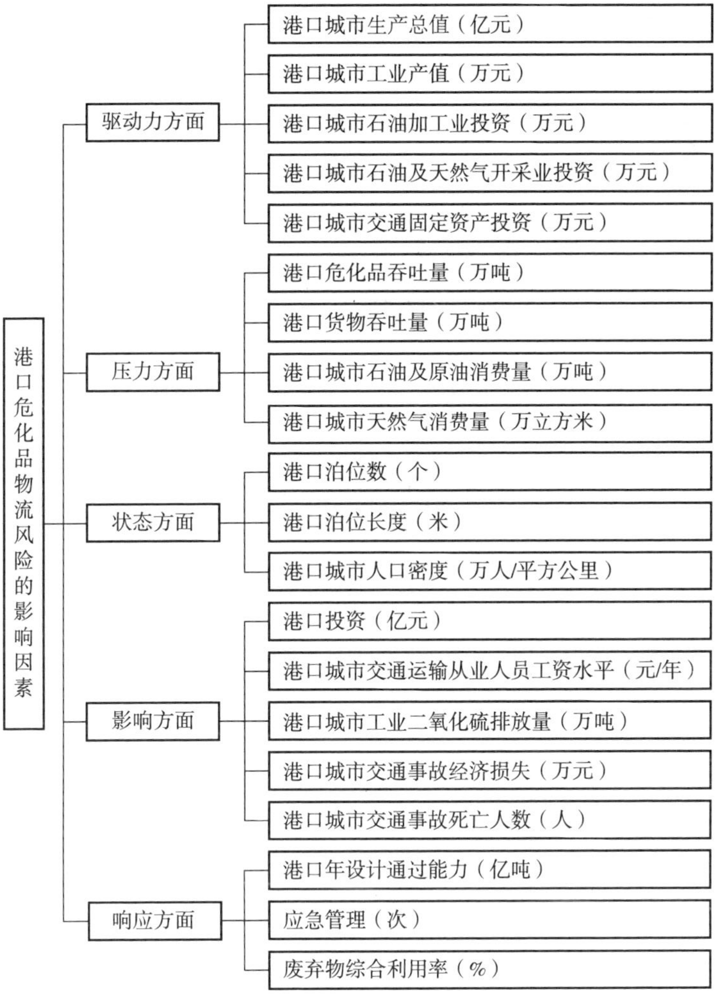

图4.3　港口危化品物流风险的影响因素

4.2.2　影响因素指标数据来源

本书对港口危化品物流风险的影响因素指标进行数据获取，选取了15个重要危化品吞吐港口，通过2008—2018年各港口年鉴数据进行分析，对各港口年鉴进行数据整理，个别缺失数据采用插值法进行填补。港口危化品物流风险影响因素指标如表4.1所示。

表 4.1　港口危化品物流风险影响因素指标

指标	分类	序号	二级指标	属性	指标来源
结果型指标	输出一	1	港口城市交通事故经济损失(万元)	正向	《中国交通年鉴》
	输出二	2	港口城市交通事故死亡人数(人)	正向	《中国交通年鉴》
港口危化品物流风险影响因素指标	驱动力方面	3	港口城市生产总值(亿元)	正向	《中国城市统计年鉴》
		4	港口城市工业产值(万元)	正向	各港口城市统计年鉴
		5	港口城市石油加工业投资(万元)	正向	《中国能源统计年鉴》
		6	港口城市石油及天然气开采业投资(万元)	正向	《中国能源统计年鉴》
		7	港口城市交通固定资产投资(万元)	负向	《中国交通年鉴》
	压力方面	8	港口危化品吞吐量(万吨)	正向	《中国港口年鉴》
		9	港口货物吞吐量(万吨)	正向	《中国港口年鉴》
		10	港口城市石油及原油消费量(万吨)	正向	《中国能源统计年鉴》
		11	港口城市天然气消费量(万立方米)	正向	《中国能源统计年鉴》
	状态方面	12	港口泊位数(个)	负向	《中国港口年鉴》
		13	港口泊位长度(米)	负向	《中国港口年鉴》
		14	港口城市人口密度(万人/平方公里)	正向	《中国城市统计年鉴》
	影响方面	15	港口投资(亿元)	负向	《中国港口年鉴》
		16	港口城市交通运输从业人员工资水平(元/年)	负向	各港口城市统计年鉴
		17	港口城市工业二氧化硫排放量(万吨)	负向	《中国港口年鉴》
	响应方面	18	港口年设计通过能力(亿吨)	负向	《中国港口年鉴》
		19	应急管理(次)	正向	应急管理局网站
		20	废弃物综合利用率(%)	负向	《中国城市统计年鉴》

注：应急管理局网站中存在2007—2018年各港口城市应急管理局网站发布的关于危化品监督、检查、培训等相关事务的次数。

4.2.3　影响因素识别步骤

本章采用CBP-DEMATEL模型算法，选取结果型指标2个、影响因素指标18个，选取活化函数tansig。BP神经网络算法的参数设置如表4.2所示。

表 4.2 改进 CBP-DEMATEL 模型中 BP 神经网络算法的参数设置

输入节点	神经元个数	输出节点	权值数量	目标误差	最大迭代次数	实际误差	实际迭代次数	运行时间(秒)
18	30	2	632	0.001	1 000	0.001	9	9

(1)基于层次聚类思想，求解影响因素的类别

通过层次聚类分析，对影响港口危化品物流风险的 20 个因素指标进行分类。首先通过 K-means 算法确定最佳聚类数目，得到不同分类的轮廓值，再利用 MATLAB 软件编程绘制 2~5 类时的平均值分布，如图 4.4 所示。

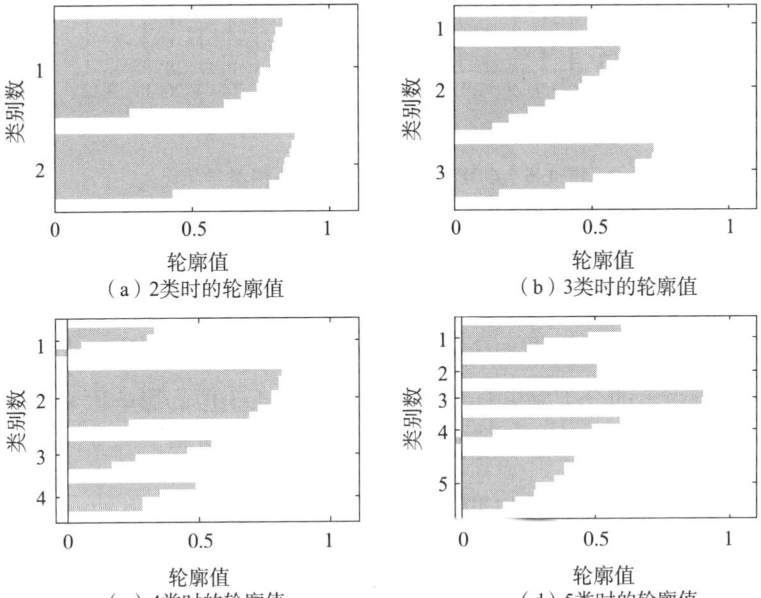

图 4.4 CBP-DEMATEL 算法聚类过程平均轮廓值

图 4.4 为聚类分别为 2、3、4 和 5 时的轮廓值形状，横坐标为轮廓值，纵坐标为类别数。当类别为 2 时，有 12 个风险影响因素属于第一类，有 8 个风险影响因素属于第二类；当类别为 3 时，有 2 个风险影响因素属于第一类，有 11 个风险影响因素属于第二类，有 7 个风险影响因素属于第三类；当分类为 4 时，有 4 个风险影响因素属于第一类，有 8 个风险影响因素属于第二类，有 4 个风险影响因素属于第三类，有 4 个风险影响因素属于第四类；当分类为 5 时，有 4 个风险影响因素属于第一类，有 2 个风险

影响因素属于第二类，有 2 个风险影响因素属于第三类，有 4 个风险影响因素属于第四类，有 8 个风险影响因素属于第五类。港口危化品物流风险影响因素聚类结果如图 4.5 所示。

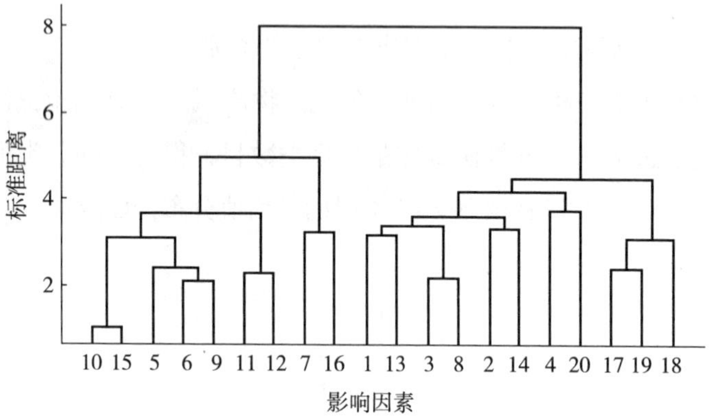

图 4.5　CBP-DEMATEL 算法聚类结果

图 4.5 为港口危化品物流风险影响因素在第一步聚类分析中得到的结果，由图可以更直观地认识港口危化品物流风险影响因素的类别。根据分类的过程，分析分类结果为 2~5 类时的轮廓和过程，以及影响因素的分布，对影响因素的分类有更直观的认识。由表 4.3 中的影响因素序号，可得港口危化品物流风险影响因素为 2~5 类时的聚类结果。

表 4.3　CBP-DEMATEL 模型聚类结果

影响因素序号	聚类 2	聚类 3	聚类 4	聚类 5	影响因素序号	聚类 2	聚类 3	聚类 4	聚类 5
8	2	3	2	1	14	2	3	2	1
4	2	3	2	2	18	2	3	2	1
7	1	2	4	5	13	1	2	4	5
3	1	2	4	5	20	1	1	3	4
16	1	1	3	4	10	2	3	1	3
9	2	3	2	1	11	2	3	1	3
17	1	2	4	5	5	2	3	1	3
12	1	2	4	5	6	2	3	2	2
19	1	2	4	5	1	2	3	2	1
15	1	2	4	5	2	2	3	2	1

基于聚类分析思想，属于同一类的数据之间有相同的属性，当影响因素属于同一类时，影响因素同时发生的可能性增大；当同时发生的影响因素进行耦合时，比不是同一类影响因素同时发生造成的影响大。例如根据聚类结果，无论聚类结果为 2、3、4 或者 5，港口石油及原油消费量和天然气消费量都属于同一类，说明石油及原油消费量大的港口，其天然气消费量也较大，二者具有相似属性。当两个同一类影响因素同时发生风险并进行风险因素耦合时，其造成的后果可能要比不是同一类风险影响因素耦合的后果更严重，如港口石油及原油消费量与天然气消费量进行影响因素耦合的风险可能会大于港口石油及原油消费量与港口投资的耦合风险。

(2)基于 BP 神经网络，利用 MATLAB 求解直接关联矩阵

根据 CBP-DEMATEL 算法对影响因素进行分析，基于 BP 神经网络对 20 个影响因素进行计算，通过 CBP-DEMATEL 算法分别得到 30 个神经元 (Neuron，N)、18 个港口危化品物流风险影响的两个权值，分别是输入层和隐含层 | ***W*** | ，以及隐含层和输出层 | *ω* | ，具体求解结果如表 4.4 和表 4.5 所示。

表 4.4　30 个神经元 N 与连接权值 | *W* |

N	18 个输入指标的连接权值 | *W* |																
1	0.55	0.26	0.81	0.02	0.22	0.67	0.44	0.5	0.44	0.6	0.36	0.2	0.55	0.14	0.31	0.34	0.02	0.21
2	0.22	0.1	0.13	0.22	0	0.49	0.33	0.33	0.47	0.45	0.22	0.29	0.6	0.38	0.2	0.3	0.59	0.44
3	0.5	0.48	0.15	0.57	0.42	0.31	0.51	0.2	0.5	0.06	0.34	0.21	0.13	0.54	0.42	0.66	0.03	0.21
4	0.43	0.34	0.29	0.47	0.52	0.11	0.45	0.15	0.36	0.16	0.15	0.44	0.38	0.08	0.06	0.33	0.3	1.31
5	0.57	0.26	0.58	0.18	0.37	0.28	0.05	0.46	0	0.13	0.15	0.16	0.4	0.86	0.46	0.12	0.61	0.79
6	0.32	0.27	0.64	0.11	0.24	0.44	0.38	0.1	0.42	0.37	0.55	0.01	0.54	0.52	0.48	0.39	0.64	0.24
7	0.41	0.08	0.44	0.44	0.25	0.83	0.8	0.26	0.3	0.09	0.57	0.1	0.05	0.08	0.19	0.35	0.45	0.52
8	0.3	0.77	0.17	0.41	0.57	0.14	0.85	0.12	0.13	0.24	0.68	0.52	0.54	0.45	0.41	0.35	0.18	0.58
9	0.49	0.35	0.45	0.63	0.2	0.13	0.73	0.14	0.01	0.12	0.65	0.03	0.78	0.25	0.59	0.58	0.72	0.06
10	0.66	0.14	0.34	0.57	0.21	0.27	0.5	0.24	0.58	0.24	0.35	0.17	0.62	0.05	0.29	0.5	0.49	0.44
11	0.54	0.91	0.05	0.08	0.09	0.11	0.14	0.61	0.18	0.16	0.54	0.02	0.35	0.09	0.08	0.43	0.53	0.01

续表

N	18 个输入指标的连接权值 | W |																
12	0.31	0.34	0.11	0.4	0.49	0.82	0.06	0.31	0.2	0.04	0.11	1.11	0.73	0.44	0.4	0.27	0.61	0.27
13	0.11	0.11	0.32	0.08	0.75	0.3	1.02	0.09	0.48	0.15	0.13	0.05	0.49	0.4	0.72	0.83	0.39	0.56
14	0.46	0.79	0.72	0.06	0.22	0.41	0.06	0.48	0.2	0.17	0.25	0.77	0.39	0.19	0.22	0.29	0.07	0.21
15	0.22	0.38	0.77	0.22	0.41	0.09	0.54	0.13	0.4	0.55	0.31	0.43	0.43	0.64	0.38	0	0.06	0.46
16	1.34	0.15	0.42	0.48	0.73	0.53	1	0.83	0.35	0.5	0.25	0.28	0.58	0.05	0.45	0.39	0.14	1.08
17	0.35	0.64	0.28	0.72	0.41	0.72	0.18	0.07	0.07	0.19	0.13	0.68	0.42	0.06	0.2	0.65	0.45	0.29
18	0.27	0.84	0.56	0.14	0.6	0.18	0.5	0.34	0.25	0.04	0.08	0.09	0.11	0.01	0.03	0.53	0.59	0.05
19	0.11	0.25	0.64	0.15	0.05	0.15	0.19	0.81	0.47	0.25	0.53	0.11	0.8	0.53	0.62	0.63	0.18	0.4
20	0.07	0.52	0.49	0.36	0.21	0.05	0.34	0.6	0.82	0.3	0.43	0.05	0.29	0.47	0.06	0.67	0.46	0.19
21	0.3	0.42	0.48	0.63	0.07	0.32	0.1	0.74	0.21	0.37	0.72	0.37	0.66	0.3	0.82	0.36	0.12	0.15
22	0.64	0.05	0.4	0.11	0.11	0.1	0.06	0.46	0.53	0.27	0.57	0.01	0.62	0.29	0.81	0.47	0.28	0.54
23	0.17	0.5	0.28	0.28	0.04	0.84	0.05	0.47	0.59	0.5	0.69	0.98	0.56	0.27	0.09	0.39	0.22	0.18
24	0.26	0.6	0.44	0.17	0.34	0.5	0.34	0.64	0.69	0.27	0.5	0.25	0.15	0.16	0.39	0.15	0.68	0.04
25	0.33	0.06	0.58	0.52	0.46	0.15	0.31	0.46	0.02	0.04	0.83	0.55	0.6	0.32	0.7	0.32	0.26	0.33
26	0.31	0.31	0.37	0.36	0.61	0.21	0.18	0.52	0.18	0.1	0.2	0.4	0.43	0.39	0.5	0.21	0.42	0.58
27	0.68	0.86	0.48	0.03	0.26	0.08	0.37	0.03	0.61	0.22	0.67	0.67	0.63	0.42	0.38	0.03	0.48	0.13
28	0.84	0.9	0.08	0.4	0.56	0.46	0.85	0.17	0.4	0	0.18	0.01	0.15	0.39	0.2	0.34	0.55	0.42
29	0.62	0.59	0.44	0.02	0.25	0.53	0.38	0.51	0.07	0.11	0.07	0.23	0.07	0.53	0.44	0.18	0.61	0.18
30	0.64	0.44	0.12	0.05	0.04	0.09	0.41	0.37	0.27	0.06	0.39	0.6	0.86	0.29	0.03	0.55	0.59	0.09

表 4.5　30 个神经元 N 与 2 个连接权值 | ω |

连接权值	N														
	1	2	3	4	5	6	7	8	9	10	11	12	13	14	15
| ω |	0.73	0.73	0.12	0.39	0.55	0.29	0.61	0.21	0.61	0.82	0.62	0.23	0.21	0.43	0.6
| ω |	0.56	0.09	0.01	0.76	0.68	0.2	0.2	0.82	1.24	0.24	0.26	1.35	0.75	0.49	0.04
连接权值	N														
	16	17	18	19	20	21	22	23	24	25	26	27	28	29	30
| ω |	0.28	0.05	0.39	1.01	0.64	0.7	0.32	0.62	0.46	0.65	0.07	1.08	0.04	0.53	0.05
| ω |	1.75	0.74	0.27	0.35	0.75	0.72	0.39	0.85	0.69	0.59	0.11	0.58	0.93	0.34	0.99

表 4. 4 中的列表示神经元，共 30 个；行表示输入指标，共 18 个，通过神经元进行连接，得到 2 个输出指标的 30 个神经元的连接权值。表 4. 5 中的列表示 2 个输出指标分别通过 30 个神经元进行连接，可得到 2 个输入指标的 30 个神经元的连接权值。当输出指标大于 1 时，取其矩阵行的和的平均值。因此，矩阵 | **W** | 和 | **ω** | 相乘得到 18 个指标列向量，进而求得港口危化品物流风险影响因素的直接关联矩阵，具体如表 4. 6 所示。

表 4. 6 基于 CBP-DEMATEL 模型的直接关联矩阵

值	x_1	x_2	x_3	x_4	x_5	x_6	x_7	x_8	x_9	x_{10}	x_{11}	x_{12}	x_{13}	x_{14}	x_{15}	x_{16}	x_{17}	x_{18}
x_1	1. 00	1. 10	1. 13	1. 50	1. 46	1. 31	1. 11	1. 16	1. 35	1. 91	1. 12	1. 30	0. 91	1. 49	1. 24	1. 20	1. 17	1. 23
x_2	0. 91	1. 00	1. 02	1. 36	1. 32	1. 19	1. 01	1. 05	1. 22	1. 73	1. 01	1. 18	0. 82	1. 35	1. 12	1. 09	1. 06	1. 12
x_3	0. 89	0. 98	1. 00	1. 33	1. 30	1. 16	0. 99	1. 03	1. 20	1. 70	0. 99	1. 16	0. 81	1. 33	1. 10	1. 07	1. 04	1. 09
x_4	0. 67	0. 74	0. 75	1. 00	0. 98	0. 87	0. 74	0. 77	0. 90	1. 28	0. 75	0. 87	0. 61	1. 00	0. 83	0. 80	0. 78	0. 82
x_5	0. 68	0. 76	0. 77	1. 02	1. 00	0. 90	0. 76	0. 79	0. 92	1. 31	0. 77	0. 89	0. 62	1. 02	0. 85	0. 82	0. 80	0. 84
x_6	0. 76	0. 84	0. 86	1. 14	1. 12	1. 00	0. 85	0. 88	1. 03	1. 46	0. 85	0. 99	0. 70	1. 14	0. 94	0. 92	0. 89	0. 94
x_7	0. 90	0. 99	1. 01	1. 35	1. 31	1. 18	1. 00	1. 04	1. 21	1. 72	1. 01	1. 17	0. 82	1. 34	1. 11	1. 08	1. 05	1. 11
x_8	0. 86	0. 95	0. 97	1. 29	1. 26	1. 13	0. 96	1. 00	1. 17	1. 65	0. 97	1. 12	0. 79	1. 29	1. 07	1. 04	1. 01	1. 06
x_9	0. 74	0. 82	0. 83	1. 11	1. 08	0. 97	0. 82	0. 86	1. 00	1. 42	0. 83	0. 96	0. 67	1. 11	0. 92	0. 89	0. 87	0. 91
x_{10}	0. 52	0. 58	0. 59	0. 78	0. 76	0. 69	0. 58	0. 61	0. 71	1. 00	0. 59	0. 68	0. 48	0. 78	0. 65	0. 63	0. 61	0. 64
x_{11}	0. 89	0. 99	1. 01	1. 34	1. 31	1. 17	0. 99	1. 03	1. 21	1. 71	1. 00	1. 16	0. 81	1. 33	1. 10	1. 07	1. 04	1. 10
x_{12}	0. 77	0. 85	0. 86	1. 15	1. 12	1. 01	0. 85	0. 89	1. 04	1. 47	0. 86	1. 00	0. 70	1. 15	0. 95	0. 92	0. 90	0. 95
x_{13}	1. 10	1. 21	1. 24	1. 64	1. 60	1. 44	1. 22	1. 27	1. 48	2. 10	1. 23	1. 43	1. 00	1. 64	1. 36	1. 32	1. 28	1. 35
x_{14}	0. 67	0. 74	0. 75	1. 00	0. 98	0. 88	0. 74	0. 78	0. 90	1. 28	0. 75	0. 87	0. 61	1. 00	0. 83	0. 80	0. 78	0. 82
x_{15}	0. 81	0. 89	0. 91	1. 21	1. 18	1. 06	0. 90	0. 94	1. 09	1. 55	0. 91	1. 05	0. 74	1. 21	1. 00	0. 97	0. 95	1. 00
x_{16}	0. 83	0. 92	0. 94	1. 25	1. 22	1. 09	0. 93	0. 96	1. 12	1. 59	0. 93	1. 08	0. 76	1. 24	1. 03	1. 00	0. 97	1. 03
x_{17}	0. 86	0. 94	0. 96	1. 28	1. 25	1. 12	0. 95	0. 99	1. 15	1. 63	0. 96	1. 11	0. 78	1. 28	1. 06	1. 03	1. 00	1. 05
x_{18}	0. 81	0. 90	0. 91	1. 21	1. 19	1. 06	0. 90	0. 94	1. 10	1. 55	0. 91	1. 06	0. 74	1. 21	1. 00	0. 98	0. 95	1. 00

通过表 4. 5 和表 4. 6，对港口危化品物流风险影响因素进行分析，求

得矩阵的值，并从类别和影响程度两个方面对影响港口危化品物流风险的因素识别结果进行分析。

4.3 影响因素识别结果

4.3.1 风险影响因素分类与影响程度

对 CBP-DEMATEL 模型进行 MATLAB 编程，可得到港口危化品物流风险影响因素的分类结果、中心度及原因度值，如表 4.7 所示。

表 4.7 基于 CBP-DEMATEL 模型的影响因素分类及影响程度

序号	指标	聚类 2	聚类 3	聚类 4	聚类 5	$D+R$	$D-R$
1	港口危化品吞吐量	2	3	2	1	0. 910	0. 334
2	港口城市工业产值	2	3	2	2	0. 849	-0. 021
3	港口城市交通固定资产投资	1	2	4	5	0. 920	0. 360
4	港口城市生产总值	1	2	4	5	0. 858	0. 125
5	港口城市交通运输从业人员工资水平	1	1	3	4	0. 852	-0. 069
6	港口货物吞吐量	2	3	2	1	0. 897	-0. 294
7	港口年设计通过能力	1	2	4	5	1. 115	0. 734
8	港口泊位数	1	2	4	5	1. 143	0. 777
9	应急管理	1	2	4	5	0. 871	-0. 198
10	港口投资	1	2	4	5	1. 005	-0. 546
11	港口城市人口密度	2	3	2	1	0. 952	-0. 438
12	港口城市工业二氧化硫排放量	2	3	2	1	0. 850	-0. 037
13	港口泊位长度	1	2	4	5	0. 871	0. 196
14	废弃物综合利用率	1	1	3	4	0. 909	0. 331
15	港口城市石油及原油消费量	2	3	1	3	1. 363	-1. 082
16	港口城市天然气消费量	2	3	1	3	1. 128	0. 754
17	港口城市石油加工业投资	2	3	1	3	1. 165	-0. 811
18	港口城市石油及天然气开采业投资	2	3	2	2	0. 857	-0. 116
19	港口城市交通事故经济损失	2	3	2	1	1. 363	0
20	港口城市交通事故死亡人数	2	3	2	1	1. 363	0

港口城市交通事故经济损失和港口城市交通事故死亡人数作为输出指标变量，没有值，但由于其对港口危化品物流风险具有重要影响，因此，对于两个指标的中心度和原因度值分别取所有影响因素指标的最大值和平均值。

4.3.2 结果分析

识别港口危化品物流风险影响因素是进行风险评估的重要基础，基于CBP-DEMATEL模型计算可得港口危化品物流风险影响因素的分类结果和影响大小。类别为4的港口危化品物流风险影响因素的分类和因果关系如图4.6所示。

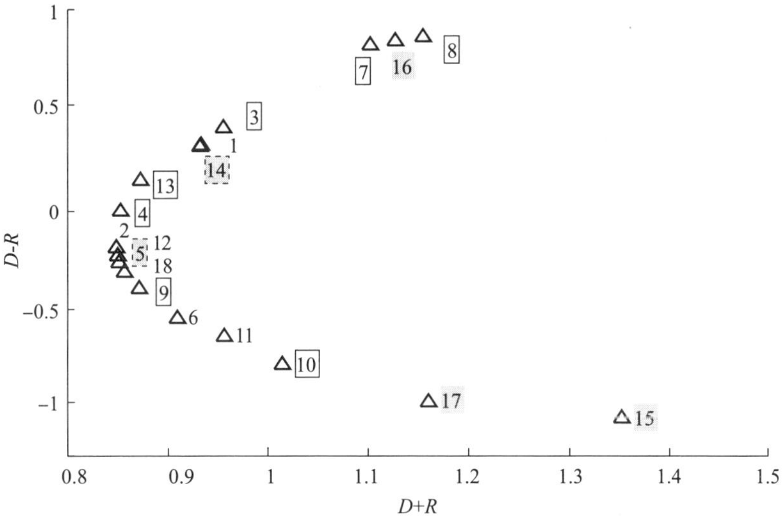

图4.6 基于CBP-DEMATEL模型的分类及因果关系

由图4.6可知，当类别数为4时，影响因素15、16和17为第一类，影响因素1、2、6、11、12以及18属于第二类。影响因素5和14属于第三类，影响因素3、4、7、8、9、10和13属于第四类。相同类别影响因素有相似的性质和特点，且规律类似。根据*D+R*的值，发现对港口危化品物流风险影响较大的因素为港口城市石油及原油消费量、港口城市石油加工业投资、港口泊位数、港口城市天然气消费量、港口年设计通过能力、港口投资、港口城市人口密度、港口城市交通固定资产投资、港口危化品吞吐量、废弃物综合利用率和港口货物吞吐量。其中，$D-R>0$ 原因型影响因素有 8 个，分别为港口危化品吞吐量、港口城市交通固定资产投资、港口城市生产总值、港口年设计通过能力、港口泊位数、港口泊位长度、废弃物综合利用率和港口城市天然气消费量。

4.4 本章小结

本章对港口危化品物流风险影响因素进行了识别，通过构建改进的 CBP-DEMATEL 模型，避免传统 DEMATEL 模型过于依赖专家打分的缺点，为港口危化品物流风险影响因素识别提供了新的思路。融合聚类分析算法可以对不同的风险影响因素进行分类，可以得到影响性质相近的因素类别。同一类影响因素有相近属性，利用 BP 神经网络计算可得到港口危化品物流风险影响因素的权值矩阵 $\boldsymbol{W}$ 和 $\boldsymbol{\omega}$，弥补传统 DEMATEL 方法获得直接关联矩阵过于主观的缺点。

对构建的 CBP-DEMATEL 模型进行 MATLAB 编程，分析 15 个重要的危化品吞吐港口的历史数据，获得港口危化品物流风险影响因素识别结果，从影响因素属性分类和影响程度两个方面对风险影响因素进行了分析。

基于聚类分析的结果，发现同一类影响因素具有相同的数据属性。当某一影响因素发生风险，其他具有相同属性的影响因素，也极易发生风险，这为港口危化品物流风险评估模型中风险影响因素的耦合提供了依据。对属于同一类的风险影响因素进行耦合时赋予其不同的权值，能够更好地刻画风险耦合机理。基于原因型和结果型影响因素的分类结果，可以得到不同影响因素对风险的影响程度，不同的影响因素对系统产生的影响不同，风险影响因素识别结果为构建港口危化品物流风险评估模型关键指标体系提供了基础。

综上所述，本章通过 CBP-DEMATEL 模型从属性分类和影响程度两个方面对港口危化品物流风险影响因素进行识别，为开展港口危化品物流风险评估提供了基础。

第 5 章

港口危化品物流风险评估

本章根据第3章和第4章的相关研究开展港口危化品物流风险评估，通过风险评估可以深入剖析各风险情景下影响因素之间的耦合关系，刻画港口危化品物流的风险状态与风险源，为港口危化品物流风险评估提供了一个新的视角。

为构建考虑耦合风险的港口危化品物流风险评估模型，首先通过物理—事理—人理方法（WSR方法论）对危化品物流风险影响因素进行映射。其次，采用RFRM方法对关键要素进行通过过滤、排序过滤和管理过滤，结合WSR方法和RFRM理论把繁杂的风险影响因素简单化，保留关键风险影响因素。采用TSS情景构建理论对三方面的风险影响因素进行多维风险情景构建，最终形成多维风险评估模型，并利用构建的港口危化品物流风险评估模型对15个主要危化品吞吐港口数据进行实证分析，呈现了各港口的多维风险。同时，在多维风险评估模型中采用事故发生率和事故后果严重程度等参数刻画风险大小，为深入研究港口危化品物流风险监管引入事故发生率和事故后果严重程度等参数提供基础，从而实现对港口危化品物流的有效监管，防范港口危化品物流发生重大风险。

5.1 模型概述

影响港口危化品物流风险的因素繁多，且交互影响。针对港口危化品物流风险的特点，本章构建一个风险评估模型，从多个维度展开风险评估，以更好地把控港口危化品物流的安全运营。

5.1.1 基本方法

1. 物理—事理—人理(WSR)方法

WSR 方法，由顾基发提出，是以东方哲学观为指导的评估方法论，融合中国古代系统哲学思想，核心是懂物理、明事理和通人理。[146]“物理”指物质运动的内在机理，“事理”指事务过程中的机理，“人理”指关于人的机理，三个方面相互影响。WSR 方法论是一个螺旋式的管理、学习过程，随着目标的优化，模型的选择和方案的实施不断调整，反复进行，在实践中学习，螺旋推进，具体如图 5.1 所示。

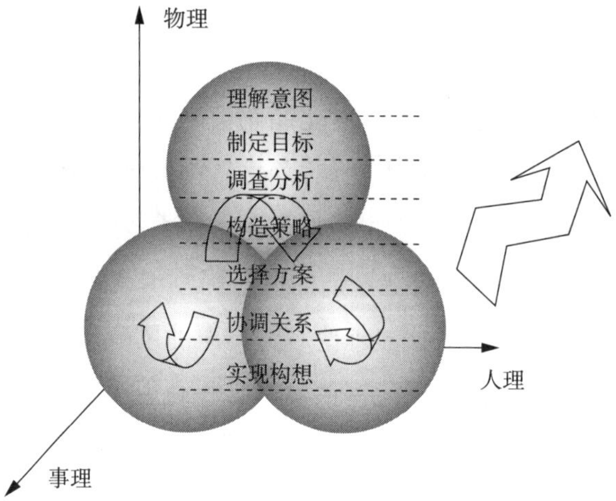

图 5.1　WSR 方法

基于 WSR 方法进行分析，是进行风险影响因素耦合的基础。通过对风险影响因素到物理、事理和人理三方面的映射，从三个方面进行风险因素的耦合集成，有条理地构建一个全面多维的风险评估框架。三个方面相互影响，目标随着方案的实施不断调整，反复进行，WSR 方法的基本内容如表 5.1 所示。

表 5.1　WSR 方法的基本内容

描述	物理	事理	人理
含义	客观物质世界	事物的机理	人之间的关系
核心问题	是什么	怎么做	怎么做更好

续表

描述	物理	事理	人理
所需知识	科学	运筹	管理
遵循原则	真实可靠	有效、可操作	协作有效

WSR 方法的核心思想概括如下：①WSR 方法主要由物理、事理和人理三方面构成，三方面内容相互联系、相互影响，体现了系统思想。②WSR 方法的一个重要特点是可以汇集其他方法，每个方面都可以采用多种方法和理论进行分析研究。③WSR 方法体现了一种螺旋式学习管理过程。对物理、事理和人理三方面内容不断调整、改进，这是 WSR 方法不同于其他方法的重要特点。[147]

综上所述，WSR 方法作为综合方法，在每一个方面都可以结合其他方法进行研究。因此可以说，WSR 方法不仅是一种方法，还为我们传递了一种综合的思考模式，一种思考和解决问题的系统思维。WSR 方法能够系统地解决非结构化问题，而港口危化品物流风险正是一个复杂的系统。基于 WSR 方法进行港口危化品物流风险识别，具有以下优势。

一是港口危化品物流风险是一个以危化品为本质、港口为载体的复杂系统，涉及危化品本质安全、港口系统状态以及各物流环节等。为更好地控制管理港口危化品物流风险，必须有系统的指标体系，而 WSR 方法从物理—事理—人理三个方面加以提炼概括，可建立完整的风险评价指标体系。

二是港口危化品物流风险须考虑定性和定量两方面的因素，WSR 方法可将各因素融合形成整体架构，保障物理—事理—人理三个层面的因素统一于风险管理框架内。在评价港口危化品物流风险时，应用 WSR 方法有很好的可操作性，可以快速厘清各因素之间的关系。

三是需要综合考虑各方面情况来对港口危化品物流风险进行分析和改进管控，WSR 方法恰好具有综合协调的优势。分析港口危化品物流风险，物理是基础，是港口危化品物流的客观存在和状态，为风险管理提供支持；事理是港口危化品物流中流程方面存在的风险；人理是对港口危化品物流过程的协调。应用 WSR 方法对港口危化品物流风险的物理、事理和人理三个层面进行协同改进，可以达到优化港口风险状态的目的。港口危化品物流风险管理的 WSR 方法框架如图 5.2 所示。

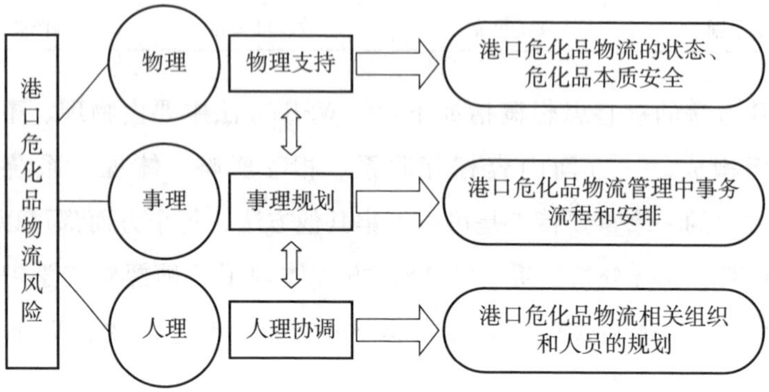

图 5.2　港口危化品物流风险管理的 WSR 方法框架

为此，可基于 WSR 方法，重点分析港口危化品物流风险管理的参与方及事务的协调等事项，从物理、事理和人理三个层面构建港口危化品物流风险评估模型，达到降低风险事故发生率和损失的目的，为港口危化品物流风险管理提供思路。

2. RFRM 方法

RFRM 方法是对风险过滤、排序和管理的理论，是对风险过滤和排序(RRF)方法的修正和进一步完善。RFRM 方法是 1991 年美国航空航天局为航天飞船项目开发的一种风险筛选方法，[148] 目前已经应用到多个风险评估领域。[149-153]

对风险进行过滤、排序和管理很有必要，比如大量的风险被识别，不可能把每一个元素作为重要风险进行管理，必须识别关键影响因素。因此，有效的风险过滤、排序和管理是进行科学风险评估与管理的必要基础。RFRM 方法主要用来“分清主次矛盾”，通过辨识系统在多个方面和维度上的内在特征，对主要风险因素进行过滤，抓主要矛盾。运用 RFRM 方法进行风险管理，大致分为以下 8 个阶段。[154]

阶段 1：风险情景识别

风险情景识别，是风险情景构建的基础。在这个过程中，详尽描述风险源，从多个角度尽可能展现各种风险，常与等级全息建模 HHM 方法共同使用。[155]

阶段 2：风险情景过滤

基于第一阶段识别的风险情景，按照过滤标准进行第一次过滤。在阶段 2 进行的风险过滤，是在上一阶段风险源识别的基础上进行的。由于第一阶段识别的风险影响因素较多，在阶段 2 须根据风险管理者的目标和利益进行重要风险筛选。阶段 2 主要通过专家评价或经验的方式进行过滤，按系统的目标和管理者的需求进行，通常把风险源范围缩小至关键因素。

阶段 3：双重标准过滤

利用标准对风险情景进行进一步过滤。在阶段 3 风险源仍然较多，常使用矩阵进行过滤，把风险源分成不同的标准。根据不同的标准建立过滤矩阵，后果和可能性构成一个关于风险严重程度的矩阵。风险源危险性的可能性可分为 5 个等级：不可能、很少、偶尔、可能或经常。后果通常也有 5 个等级，如丧失生命和财产、系统失败、系统重要功能丧失、影响较小的系统能力丧失和略微影响。

阶段 4：多重标准评估

根据风险因素对系统防护的破坏能力，提出评估标准。基于上一阶段构建的风险矩阵，把不同的风险后果和可能进行划分，再根据风险矩阵中的风险等级给风险大小排序，重点关注后果严重的风险。在阶段 4 中，还可以通过其他标准进行一次风险过滤。例如，通过系统发生风险的恢复性、稳健性和冗余性再次进行评估。恢复性是指系统发生风险的恢复能力，稳健性是指系统对外部的敏感程度，冗余性是指系统发生风险时能够额外分担故障风险的能力。这是对系统风险评估的一个辅助，系统防御风险能力的评估可按表 5.2 所示的 11 个标准进行。

表 5.2　风险评估标准

标准	标准解释
不可察觉性	风险发生前系统无法察觉
不可控性	风险一旦发生，没有控制方法进行有效阻止

续表

标准	标准解释
多种发生方式	风险发生的方式多样甚至是未知的
不可逆转	风险一旦发生，对系统造成的损害无法恢复至初始状态
持续时间长	风险发生后持续的时间很长
级联影响	风险发生造成的影响容易传播到其他子系统
外部环境	外部风险对系统产生的影响
损耗	风险发生后会导致系统性能下降
交互影响程度	风险发生会导致硬件、软件、人和组织之间互相影响
复杂性	系统的复杂性致使系统对风险无法认知和预测
完善程度	系统设计或开发的完善程度影响风险

阶段 5：定量评级

根据风险矩阵，对风险大小进行排序。在这一阶段，需要对风险情景或者因素发生的可能性进行量化，如采用贝叶斯理论将阶段 3 中的风险源发生危险的可能性(不可能、很少、偶尔、可能和经常等)进行量化。通过将量化的相关研究和案例转化为规范的容易识别的风险提示，为风险管理提供基础。

阶段 6：风险管理

根据风险的过滤、排序和评估结果，确定风险情景管理方案及改进措施。通过风险识别和过滤，构成关键风险，量化风险水平。根据成本、效益或者环境等目标要求对风险进行管理，重点把握可降低的风险具有操作性的措施。

阶段 7：对过滤掉的风险情景再评估

这一阶段是对阶段 2 到阶段 5 中过滤的风险再评估的过程。因为随着目标的改变，在系统运行过程中可能会出现新的风险源，或者之前的风险不再重要，所以需要对风险进行重新过滤、排序和管理。

阶段 8：运作反馈

RFRM 理论特别注重反馈和改善，对系统运行过程中发现的问题和积累的经验反复过滤评级，不断改进。RFRM 理论通过数据和资料的收集，不断识别新的风险，并纳入风险管理，进而维持风险识别、过滤和评估的有效性和生命力。

3. 情景构建理论

情景构建理论(Theory of Scenario Structuring, TSS)是 Kaplan 等在 1981 年建立的风险“三组集”(风险情景、风险发生的可能性和引起的后果)基础上发展起来的,[156]风险 R 表示为:

$$R=\{S_i, L_i, X_i\} \tag{5.1}$$

其中,S_i 表示第 i 个风险情景,L_i 表示 S_i 发生的可能性,X_i 表示 S_i 发生导致的后果。情景构建理论常与等级全息建模(HHM)方法共同使用,[154]研究发现,情景构建理论将已建成的风险因素再次划分为不同的风险情景,通过不同的风险情景对风险进行管理。同时,在对风险进行评估时,常与风险过滤、排序和管理方法相结合。[157]近年来,这种方法在突发事件中取得了较多研究进展。饶文利和罗年学针对台风风暴潮的突发性,将情景构建理论应用于台风风暴潮应急决策,[158]根据情景构建理论构建了情景链,并做如下推演。

(1)情景结构知识单元

事件是由不同时刻下的情景序列构成的情景链,概念模型定义如下:

$$S=\{S_{t1}, S_{t2}, \cdots, S_{tn}\} \tag{5.2}$$

其中,S 表示多个风险情景构成的风险情景集,S_{tn} 表示第 t 个时刻下第 n 个风险情景。

(2)风险情景主体构成

针对风暴潮风险,需定义事故中风险情景的三个主体,概念模型如下:

$$S_t=\{S, A, D\} \tag{5.3}$$

其中,S_t 表示第 t 个时刻下的风险情景,A 表示风险情景的作用对象,D 表示应急管理。

(3)风险情景特征

每个风险情景的要素都包括事件的类别、数量、状态和时间等,概念模型定义如下:

$$K=\{N, C, G_t\} \tag{5.4}$$

其中，K 表示情景要素，N 表示情景要素名称，C 为数量，G_t 为情景要素属性状态。风暴潮情景主体构成分为情景特征本身、承灾体、应急管理。情景特征本身包含风暴潮情景的基本信息，如名称、位置、发生时间。结合情景演化的时间特性与空间特性，构建实时更新多源异构信息的风暴潮情景构建与时空推演方法，丰富了风暴潮灾情应急研究，为风暴潮灾情控制提供了新的应急思路与解决方法。

情景构建理论的应用研究较为广泛，[159-161]有学者将其应用于不确定条件下的洪水应急物流的情景规划[162]、食品安全事故情景推演[163]、重大事故灾难[164]等。例如，对于民航突发事件，吴倩等通过建立贝叶斯网络模型，并根据时间节点进行情景演化，实现对民航突发风险的控制和管理；[165]在暴雨内涝应急评估方案中，孙超等把多维度情景推演于一体，针对不同应急救援目标对不同应急救援方案的情景推演进行预评估；[166]还有学者结合其他方法，如基于演化博弈进行危化品监管情景推演。[167]这些研究结论很大程度上控制了事故并降低了灾害损失，为风险评估提供了新的解决思路。

5.1.2 WRT 风险评估模型及其优点

港口危化品物流风险评估是一项复杂的系统工程，当前管理以人为因素和事件本身分析为主，缺少一个系统、循环且多维的综合风险管理模式，没有从多维角度开展风险评估。WSR 方法蕴含的中国管理智慧，更适合国内的企业及机构进行风险管理；RFRM 方法体现了一种分清主次抓重点的思想；情景构建理论则打破传统视角下单一风险管理模式，从多个维度对风险进行评估。因此，在学习和借鉴国外安全生产和管理理念基础上，建立具有中国特色的港口危化品物流风险评估模型，更符合安全管理的需要。为更好地分析港口危化品物流风险，本书提出 WRT 方法，按以下五个步骤对多维风险进行评估。

步骤 1：基于 WSR 方法进行风险因素识别与映射。首先，基于物理、事理和人理三个方面构建港口危化品物流风险指标分析框架，将不同风险因素映射到这三个方面，为风险因素的过滤和风险评估提供基础。

步骤2：基于RFRM方法的双重标准对风险影响因素进行过滤。根据港口危化品物流风险的特点，建立风险影响因素对港口危化品物流的影响程度的双重评估标准，对基于CBP-DEMATEL方法识别的风险影响因素进行双重筛选，保留关键风险影响因素指标。

步骤3：基于情景构建理论进行港口危化品物流风险情景构建。从情景识别角度，构建多维风险情景的概念，设$V(m,n)$为风险情景，m和n为正整数。其中m表示风险情景的维度，n表示风险情景的序号，$V(m,n)$表示风险情景序号为n、由m个风险因素构成的风险情景，并满足如下定义：

$$V(m,n)=U_1\Theta U_2\cdots\Theta U_k \tag{5.5}$$

其中，k为正整数，U_k表示k个风险影响因素，当k为3时，即表示三个风险影响因素耦合形成n个三维风险情景$V(3,n)$。k越大，风险影响因素的耦合会越复杂。Θ表示子风险情景中风险影响因素之间的耦合，运算法则满足交换律，如$U_1\Theta U_k=U_k\Theta U_1$。

步骤4：风险评估计算。在评估港口危化品物流风险过程中，采用熵值法对定量和定性指标进行量化分析，对不确定风险影响因素发生的概率基于贝叶斯理论修正。系统风险大小用G衡量，通过每个风险情景下风险因素发生的概率$P_t(V)$和港口危化品物流风险影响因素发生后果严重程度C进行研究，定义如下：

$$G=\tau\cdot\varphi\cdot P_t(V)\cdot C \tag{5.6}$$

其中，τ为风险影响因素的权重，通过CBP-DEMATEL模型中的$D+R$值进行计算，当风险耦合因素大于1时，权重由每个耦合风险影响因素的权重相加得到。φ为风险耦合系数，表示当风险影响因素为同一类时的风险影响因素个数，即当同一类风险耦合因素个数为0时，φ取值1；当同一类风险耦合因素个数为2时，φ取值1.2；当同一类风险耦合因素个数为3时，φ取值1.3。P_t为风险影响因素发生的概率即后验概率，由先验概率P_a和修正概率P_b依据贝叶斯定理得到。$P_t(V)$为风险情景$V(m,n)$风险耦合发生情景下的概率，C为对应风险情景下所产生的后果严重程度。基于以上步骤，通过各风险因素之间的耦合，结合式(5.6)，从多维风险角度进行风险评估，得出各维度风险情景下的风险大小。

步骤5：风险评估结果与分析。从多维度对各风险情景下风险影响因素的耦合进行风险分析，计算各港口的风险值，并提出港口危化品物流管理建议。基于这一思路，对港口危化品物流进行风险评估和管理。

WSR-RFRM-TSS(WRT)方法是对物理—事理—人理(WSR)方法，风险过滤、排序和管理的RFRM方法和情景构建理论(TSS)方法的融合，基于WRT方法的港口危化品物流风险评估模型具有以下优点。

(1)基于WRT方法的港口危化品物流风险评估模型应用WSR方法论，明确了港口危化品物流风险评价的物理、事理和人理指标体系的映射，将WSR方法与另外两个方法论相结合，对风险进行了量化评价，既运用了WSR方法的全面辩证统一思想，又学习RFRM理论分清主次矛盾抓重点的思想，还结合了TSS方法多维度的风险管理思想。

(2)三种方法的融合能够把互相影响复杂的风险情景简单化，可以更好地分析港口危化品物流风险，有利于对风险影响因素耦合机理的刻画，从不同方面多个维度评价港口危化品物流风险，并进行实证分析，实现了对传统风险评估方法的创新与应用。

5.2 港口危化品物流风险评估WRT模型构建

5.2.1 基于WSR的港口危化品物流风险影响因素映射

1. 物理层影响因素分析

在港口危化品物流风险评估模型中，物理层主要指港口系统状态，即港口基础设施、危化品物质本身及危化品物流过程中的状态。结合我国港口危化品物流风险现状可以看出，确保港口危化品物流系统的安全是衡量港口危化品物流风险的关键。因此，物理层应着重考虑危化品本身的安全、港口基础设施和物流需求对港口危化品物流风险的影响。通过对WSR方法的文献研究，发现WSR方法是许多方法的综合统一，更多的是提供一种解决问题的思维结构。港口危化品物流风险评估模型的物理层构建体现了客观条件的变化对系统的影响。

在本书中对港口危化品物流进行风险评估时，“物理”就是问题处理的目标对象，聚焦本书就是港口物流的客观对象。确保港口危化品物流过程中的物理安全问题是衡量港口危化品物流风险的基础，具体如下：

(1)明确研究对象

港口危化品物流风险评估中的研究对象就是危化品在港口物流中的风险，有两个对象即危化品和港口。因此，物理层应重点考虑危化品与港口物流的相关状态。

(2)风险源识别

影响危化品和港口的物理层因素有很多，既包括港口危化品的吞吐量、货物吞吐量和地区工业企业数等，又包括港口泊位长度和泊位数等。只有控制了风险源，才能够实现对风险的有效管理。

(3)风险分析

只有深入分析风险源才能更好地控制风险。风险分析是将港口危化品物流风险识别的对象转化成可量化的数据，以便于对风险开展研究。在此基础上，通过对物理层风险识别过程的分析，甄别提取物理层的指标。设物理层的港口危化品风险影响因素集为 $\boldsymbol{W}=\{w_1, w_2, \cdots, w_i\}$，$i$ 为正整数，表示物理层风险影响因素个数。

2. 事理层影响因素分析

事理是指做事的道理以及对物的安排调度等。对港口危化品物流风险进行评估，就是要分析港口危化品的物流过程和过程中人财物的安排以及相关问题。对港口危化品物流安全生产中的事理进行分析就要综合各环节的实际情况，听取专家学者的建议，采用利用文献进行研究、实际调查和专家咨询等多种方式。构建港口危化品物流风险事理层风险指标，就要基于明确危化品物流环节的特殊流程，与实际情况结合构建港口危化品物流风险事理层。通过对《危险货物安全管理条例》的梳理，港口危化品物流风险事理层分析如图 5.3 所示。

由图 5.3 可知，港口危化品物流的生产安全、运输安全、存储安全和经营安全是港口开展危化品物流的基础，也是港口危化品物流风险事理层

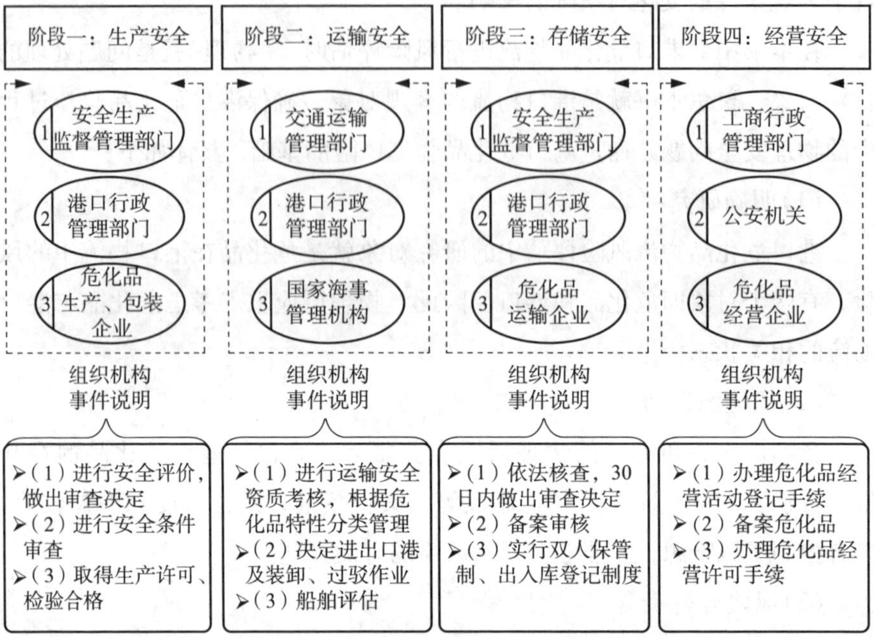

图 5.3 港口危化品物流风险事理层分析

分析的重要方面。在生产阶段，安全生产监督管理部门要对危化品物流企业进行生产安全评价，并于45日内做出审查决定。在港区内进行危化品活动的物流企业，需要接受港口行政管理部门的相应审查。危化品生产或包装环节的企业要依法取得生产许可，并经检验机构检验合格，方能在港区内运营。在运输阶段，交通运输管理部门要对从事危化品运输的企业进行安全资质考核，并根据危化品的特性进行分类管理。港口行政管理部门需要对进出口港的危化品船舶进行检查，并做出能否在港装卸及开展过驳作业等的决定。国家海事管理机构需要对运输危化品的船舶进行安全评估，审查其是否满足危化品的特殊运输要求。在存储阶段，根据危化品特殊的存储条件，由安全生产监督管理部门开展审查工作，并委托具有甲级或乙级等审查资格的安全评价机构进行现场审查。在港区内存储的危化品，港口行政管理部门要对其进行备案，以备查阅，用以了解危化品的存储情况。危化品运输企业要实行双人保管制、出入库登记制度，且企业人员要有危化品作业资格等。在经营阶段，工商行政管理部门要督促危化品物流企业对其经营活动办理登记手续。公安机关要对危化品物流企业的存储种类等情况进行备案。危化品经营企业要办理合法的危化品许可经营手续等。在危化品物流的流程中，每一个环节都影响着危化品物流的安全。具体到事理层，影响危化品物流安全的因素有事务流程的复杂度与合法度、安全评价机构的评价结果的可信度、各环节事务安排的合理度、港口规划是否合理等。

港口危化品物流事理层影响因素分析，就是分析港口危化品物流过程中人、财和物的安排及遇到的相关问题。因此，要结合实际情况，明确危化品物流环节的特殊性。通过对《危险货物安全管理条例》进行梳理，港口危化品物流事理层风险影响因素分析过程如下。

(1)生产安全

在危化品生产过程中，危化品生产企业需要请相关机构开展评估工作，开展评估的机构必须具备国家规定的资质，企业只有依法获得危化品安全生产许可证才能进行生产经营。企业在港口开展危化品物流活动，需进行安全条件审查，满足港口行政管理部门的相关规定。

(2)存储安全

港区的企业如果需要进行危化品储存，港口行政管理部门应要求企业出具安全评估报告等，并将其具备的实际条件进行备案；同时要求企业治安达到相关要求。企业必须设置专职安保人员，且实行双人收发和保管制度，对危化品的出入库实行核查和登记制度。要随时掌握危化品物流企业的危化品存储情况，如储存数量和地点等。

(3)运输安全

特殊危化品使用的船舶有相关要求，需要经相关船舶检验机构的检验，获得运输有关危化品货物的水路许可证明。根据危化品的危险特性，实行分类管理制度。在港口开展危化品装卸、过驳作业，须经港口行政管理部门的同意。

结合港口危化品物流的特点，甄别提取港口危化品物流风险事理层指标。设港口危化品事理层风险影响因素集为 $\boldsymbol{S}=\{s_1, s_2, \cdots, s_j\}$，$j$ 为正整数，表示事理层风险因素个数。

3. 人理层影响因素分析

港口危化品物流风险的人理层主要通过协调人或者组织间的关系，处理人与人或者组织之间的事务。人或组织之间的关系非常重要，对企业安全产生较大影响。本部分通过对港口危化品物流风险的人理层梳理，确认港口危化品物流中涉及的管理部门或组织。图 5.4 为港口危化品物流中涉及的人或组织。

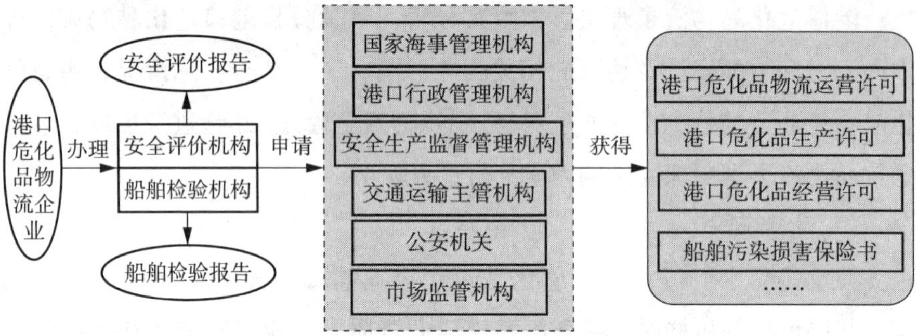

图 5.4 港口危化品物流风险人理层分析

由图 5.4 可知，港口危化品物流企业要获得安全评价报告和船舶检验报告，需要接触多个部门，其中与港口危化品物流活动较为密切的组织部门是国家海事管理机构、港口行政管理机构、安全生产监督管理机构、交通运输主管机构、公安机关和市场监管机构。

通过对港口危化品物流风险人理层的分析，甄别提取人理层的指标。设港口危化品风险人理层影响因素集为 $\boldsymbol{R}=\{r_1, r_2, \cdots, r_k\}$，其中 k 为正整数，表示人理层风险因素个数。

通过上述分析，港口危化品物流中的风险影响因素分别映射到物理层 $\boldsymbol{W}$、事理层 $\boldsymbol{S}$ 和人理层 $\boldsymbol{R}$。根据物理、事理和人理的映射进行风险影响因素的耦合，建立多维风险评估模型，即建立物理、事理和人理三个维度的风险耦合评估模型。根据第 4 章港口危化品物流风险影响因素的分类结果，按其属性可以分为 2~5 类。对于三维风险评估，当类别为 2 和 3 时，分类结果较少，风险耦合时容易造成同一类的结果较少；当类别为 5 时，有些类别的影响因素过少，故采用比三维多一维的分类结果，以更好地对风险影响因素耦合机理进行刻画。结合分类结果进行总结，如表5.3所示。

表5.3 港口危化品物流的风险影响因素的物理层、事理层和人理层映射

指标	表示	维度	类别	指标	表示	维度	类别
港口危化品吞吐量	w_1	**W**	2	废弃物综合利用率	s_4	**S**	3
港口货物吞吐量	w_2	**W**	2	港口城市人口密度	s_5	**S**	2
港口城市工业产值	w_3	**W**	2	港口城市工业二氧化硫排放量	s_6	**S**	2
港口城市石油及天然气开采业投资	w_4	**W**	1	港口城市交通事故经济损失	s_7	**S**	2
港口泊位数	w_5	**W**	4	港口城市交通事故死亡人数	s_8	**S**	2
港口泊位长度	w_6	**W**	4	港口年设计通过能力	r_1	**R**	4
港口城市生产总值	w_7	**W**	4	应急管理	r_2	**R**	4
港口城市石油及原油消费量	s_1	**S**	1	港口投资	r_3	**R**	4
港口城市天然气消费量	s_2	**S**	1	港口城市交通固定资产投资	r_4	**R**	4
港口城市石油加工业投资	s_3	**S**	1	港口城市交通运输从业人员工资水平	r_5	**R**	3

根据表5.3中的港口危化品物流风险影响因素映射和分类结果，可以得到不同风险影响因素不同维度的映射和分类结果，基于WSR方法的映射属性分类结果为4，为风险评估模型的构建提供基础。

5.2.2 基于RFRM的关键风险影响因素过滤

为了科学地进行风险评估，确保指标的关键性和可操作性，避免数据的不可靠性和评估过程过于复杂，必须对20个指标因素进行过滤。RFRM理论常采用双重过滤标准对指标因素进行过滤，如根据Matalas和Fiering理论，描述每个风险影响因素对整体风险的影响能力，量化评估风险。[154-155]

基于RFRM理论，结合港口危化品物流特点，对港口危化品物流风险进行双重风险影响因素过滤。第一次过滤的标准基于第4章CBP-DEMATEL模型得到的风险影响因素识别结果，并结合专家意见，对港口危化品物流风险影响程度进行风险过滤；根据港口危化品物流风险因素影响的大小进行排序，保留重要的风险影响因素。基于CBP-DEMATEL模型得到的风险影响因素影响程度值构建第一重风险影响因素过滤矩阵，根据风险影响因素识别结果，得到原因型和结果型影响因素的影响程度，并对二者求平均值得到的综合影响程度进行排序，基于排序结果保留影响较大的风险因素。影响港口危化品物流的风险因素影响大小排序结果如表 5.4 所示。

表 5.4　影响港口危化品物流的风险因素影响大小排序

指标	*D*+*R* 排序	*D*−*R* 排序	综合排序	指标	*D*+*R* 排序	*D*−*R* 排序	综合排序
w_1	11	5	7	s_4	12	6	8
w_2	13	16	16	s_5	9	17	17
w_3	20	11	11	s_6	19	12	12
w_4	17	14	14	s_7	2	9	4
w_5	5	1	1	s_8	3	10	5
w_6	15	7	9	r_1	7	3	3
w_7	16	8	10	r_2	14	15	15
s_1	1	20	20	r_3	8	18	18
s_2	6	2	2	r_4	10	4	6
s_3	4	19	19	r_5	18	13	13

根据风险因素影响的排序结果，影响港口危化品物流的风险因素可以分为影响程度较大和影响程度较小等多种，保留排序靠前的影响因素。综合 5 位专家对风险影响因素的评价意见，第一位专家在表 5.4 的基础上对风险影响因素的排序结果进行评价，之后每位专家在上一位专家的意见上进行评价，同意则交予下一位专家，不同意则进行协商得出一致结论，依次循环，在此基础上进行第一重标准的风险影响因素过滤。按风险影响因素的影响程度进行排序，排序结果如表 5.5 所示。

表 5.5　港口危化品物流风险过滤标准

过滤标准	解释	风险影响因素
Ⅰ影响很大	风险影响因素影响大且持续性强	s_1，s_3，s_7，s_8，w_5
Ⅱ影响较大	风险影响因素影响较大且持续性较强	s_2，r_1，r_3，s_5，r_4
Ⅲ影响一般	风险影响因素影响一般	w_1，s_4，w_2，r_2，w_6
Ⅴ影响很小	风险影响因素影响很小	w_7，w_4，r_5，s_6，w_3

由表5.5可知，前两个标准过滤的风险影响因素产生的风险更大，后两个标准过滤的风险影响因素产生的风险相对较小。一些风险影响因素如港口投资 r_3 会产生多种影响，既会对港口未来一段时间的发展产生影响，又会引发港口基础设施泊位等因素的变化，风险较大。有些风险影响因素影响很小，如港口城市石油及天然气开采业投资 w_4、港口城市交通运输从业人员工资水平 r_5、港口城市工业二氧化硫排放量 s_6 和港口城市工业产值 w_3。经过第一重风险标准过滤，基于表5.5中的第4个标准过滤掉一些风险影响因素如港口城市交通运输从业人员工资水平 r_5 和港口城市工业二氧化硫排放量 s_6，选取18个风险因素作为风险影响因素评价指标。

第二重风险过滤标准参考《风险建模、评估和管理》，基于该书第七章描述的风险过滤、评级和管理，[154]结合专家咨询方式筛选得到6个后果，从另一个角度进行风险影响因素过滤。首先由第一位专家给出评价结果，之后每位专家对上一位专家的评价意见进行复核与检验。若同意则交予下一位专家；若有异议则与上一位专家协商达成一致，最终得到专家咨询结果，第二重风险影响因素过滤的排序矩阵如表5.6所示。

表5.6 港口危化品物流风险影响因素排序矩阵

后果	可能性				
	总是	经常	一般	偶尔	极少
Ⅰ灾难性				w_1	
Ⅱ严重		s_7，s_8	s_1，s_2，s_3	w_2	
Ⅲ一般		r_1	r_2，r_3	w_3，r_4	
Ⅳ轻微			s_5	w_5，w_6	
Ⅴ可忽略			w_4	s_6	
Ⅵ极低				r_5	s_4

如表5.6所示，通过港口危化品物流风险影响因素排序矩阵对物理、事理和人理三方面的风险影响因素进行了进一步过滤，同时结合表5.5对风险因素影响性能的分析，过滤掉极低、可忽略的风险影响因素，如港口城市交通运输从业人员工资水平 r_5、废弃物综合利用率 s_4、港口城市石油及天然气开采业投资 w_4 和港口城市工业二氧化硫排放量 s_6。综合双重标准风

险过滤结果，共有 16 个影响港口危化品物流的关键风险因素被保留下来。

根据 RFRM 理论，对众多港口危化品物流风险影响因素进行过滤，基于 CBP-DEMATEL 模型识别的结果和专家评价，保留了更为关键的影响因素，对一些重复或不重要因素进行剔除。不同因素对港口危化品物流风险的影响大不相同。基于以上分析和 CBP-DEMATEL 模型得出的影响程度，以 $D+R$ 的值作为权重，港口危化品物流的风险评估指标及影响权重如表 5.7 所示。

表 5.7　基于 RFRM 的港口危化品物流风险评估指标及影响权重

指标	表示	权重	指标	表示	权重
港口危化品吞吐量	w_1	0.91	港口城市石油加工业投资	s_3	1.17
港口货物吞吐量	w_2	0.90	港口城市人口密度	s_5	0.95
港口城市工业产值	w_3	0.85	港口城市交通事故经济损失	s_7	1.36
港口泊位数	w_5	1.14	港口城市交通事故死亡人数	s_8	1.36
港口泊位长度	w_6	0.87	港口年设计通过能力	r_1	1.11
港口城市生产总值	w_7	0.86	应急管理	r_2	0.87
港口城市石油及原油消费量	s_1	1.36	港口投资	r_3	1.00
港口城市天然气消费量	s_2	1.13	港口城市交通固定资产投资	r_4	0.92

基于 RFRM 理论得到港口危化品物流风险的关键指标，为风险情景的构建提供了基础；下文将已经识别和保留的风险影响因素通过风险耦合的方式再次划分至不同的风险情景，构建多维风险评估模型。

5.2.3　基于 TSS 的多维风险情景构建

构建港口危化品物流风险情景，就是将已经识别的风险因素通过风险耦合的方式再次划分至不同的风险情景，通过不同的风险情景对风险进行管理。事故中的风险情景可以理解为事件发生和发展的态势，是在事件当前状态分析的基础上对其未来发展趋势的描述。利用风险情景对港口危化品物流风险进行深入分析，关键是要对构成风险情景的相关影响因素进行合理描述，这是推演风险情景及其演化过程的基础。[54] 不同的研究领域和学科范畴中，风险情景的组成和构建有很大不同。例如，张磊等针对突发事件情景推演，将致灾因子、承载体和应急活动等作为情景的重要组成部分；[168]而针对突发事件情景的构建，则将事件、载体和规则作为情景的组成部分。虽然情景构建的研究对象和现实情况各不相同，但都离不开三个重要部分，就是承载体、情景本身和应急管理。[169]不同的情景构成略有不同，具体到港口危化品物流风险情景，如图5.5所示。

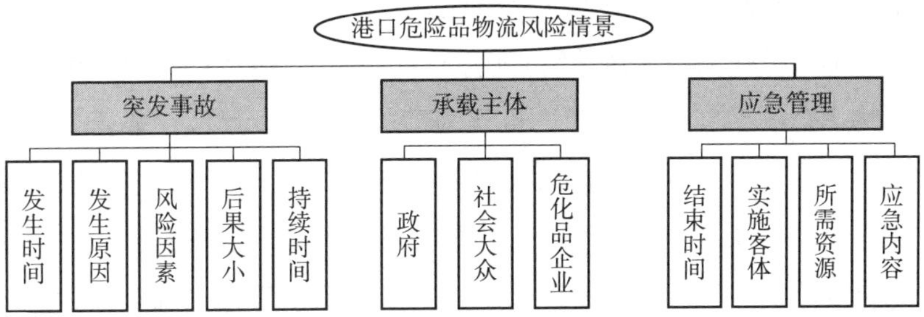

图5.5 港口危化品物流风险情景构成

结合图5.5，根据上述有关风险情景的描述，可知港口事故的风险情景是由事故本身、承载主体和应急管理三方面构成。本章构建了风险评估模型，引入多维风险情景进行风险评估，将物理层、事理层和人理层的风险进行耦合，进而对多维风险情景进行描述，其情景演化过程如图5.6所示。

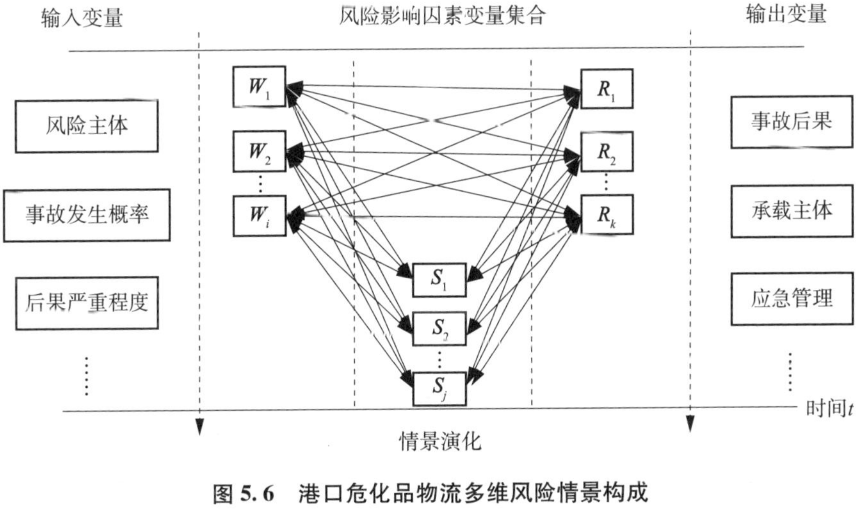

图5.6 港口危化品物流多维风险情景构成

由图 5.6 可知，港口危化品物流多维风险情景主要由三部分构成：第一部分为输入变量，包括风险研究的主体、事故发生概率和后果严重程度等。第二部分为输入的风险影响因素变量集合，包括物理层、事理层和人理层的风险影响因素，这些风险影响因素是进行风险评估的基础。第三部分为输出变量，即前两部分的输入所得到的结果，主要包括承载主体、事故后果和应急管理所能采取的应对措施。

基于港口危化品物流风险特点的分析可知导致事故的风险影响因素是相互影响耦合的，事故致因理论也认为事故风险由一系列“多米诺骨牌效应”造成。[170] 为此，本书对多维度风险情景下的风险影响因素进行耦合，着重考虑的耦合风险影响因素来自物理、事理和人理层不同方面，不再进行同一维度下的风险影响因素耦合。基于 TSS 情景理论刻画多维度风险耦合过程，港口危化品物流的多维风险情景演化如图 5.7 所示。

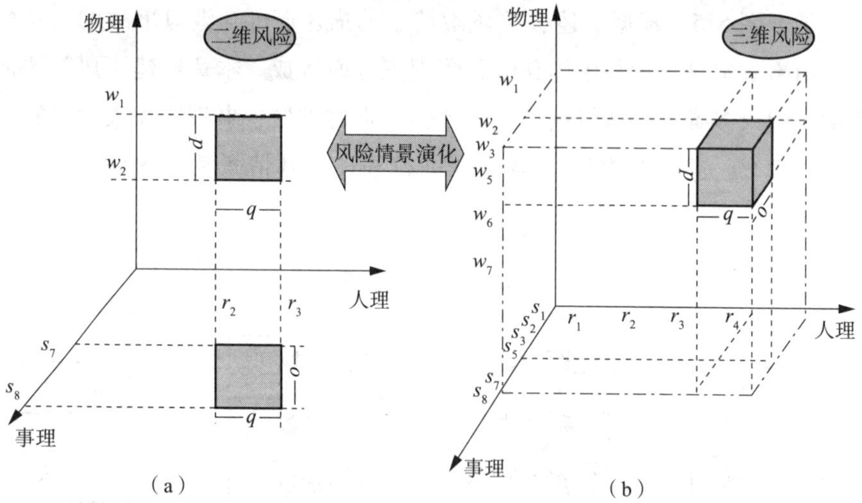

图 5.7 港口危化品物流的多维风险情景演化

通过耦合风险，提取不同维度的风险影响因素。二维风险情景是从物理、事理和人理层各选出一个风险影响因素进行两两交互影响，如图 5.7(a)所示，可明确不同维度下的风险影响因素来源，为风险评估提供基础。例如，二维风险情景下，港口危化品吞吐量 w_1 和港口投资 r_3 两个风险影响因素耦合形成一个新的二维风险情景，其影响要大于一维情景下港口危

化品吞吐量 w_1 和港口投资 r_3 两个风险影响因素的单独影响。即当港口危化品因存储空间安排不合理发生泄漏或着火，加之港口投资较少，基础设施建设不够，没有专业化消防和防控预警机制，两个风险影响因素叠加可能造成爆炸等严重后果。三维风险情景是从物理、事理和人理层各选出一个风险影响因素进行耦合，如图 5.7(b)所示。例如，港口危化品吞吐量 w_1、港口城市交通固定资产投资 r_4 和港口城市人口密度 s_5 耦合形成的一个三维风险情景：物理层危化品发生风险，且人理层的交通固定资产投资较少，没有完善的沿海建设，缺少港口专业泊位、专业化油罐和出港航道等，事理层港口城市人口密度较大。在多重风险影响因素的作用下，港口危化品物流极易发生重大事故，不同风险同时发生造成的三维风险破坏力更大。因此，开展多维风险评估十分必要。港口危化品物流系统二维风险情景如表 5.8 所示。

表 5.8　港口危化品物流系统二维风险情景 $P(V)$

$P(V)$	计算式	$P(V)$	计算式	$P(V)$	计算式	$P(V)$	计算式
$V(2, 1)$	$w_1\Theta r_1$	$V(2, 2)$	$w_1\Theta r_2$	$V(2, 3)$	$w_1\Theta r_3$	$V(2, 4)$	$w_1\Theta r_4$
$V(2, 5)$	$w_2\Theta r_1$	$V(2, 6)$	$w_2\Theta r_2$	$V(2, 7)$	$w_2\Theta r_3$	$V(2, 8)$	$w_2\Theta r_4$
$V(2, 9)$	$w_3\Theta r_1$	$V(2, 10)$	$w_3\Theta r_2$	$V(2, 11)$	$w_3\Theta r_3$	$V(2, 12)$	$w_3\Theta r_4$
$V(2, 13)$	$w_5\Theta r_1$	$V(2, 14)$	$w_5\Theta r_2$	$V(2, 15)$	$w_5\Theta r_3$	$V(2, 16)$	$w_5\Theta r_4$
$V(2, 17)$	$w_6\Theta r_1$	$V(2, 18)$	$w_6\Theta r_2$	$V(2, 19)$	$w_6\Theta r_3$	$V(2, 20)$	$w_6\Theta r_4$
$V(2, 21)$	$w_7\Theta r_1$	$V(2, 22)$	$w_7\Theta r_2$	$V(2, 23)$	$w_7\Theta r_3$	$V(2, 24)$	$w_7\Theta r_4$
$V(2, 25)$	$s_1\Theta r_1$	$V(2, 26)$	$s_1\Theta r_2$	$V(2, 27)$	$s_1\Theta r_3$	$V(2, 28)$	$s_1\Theta r_4$
$V(2, 29)$	$s_2\Theta r_1$	$V(2, 30)$	$s_2\Theta r_2$	$V(2, 31)$	$s_2\Theta r_3$	$V(2, 32)$	$s_2\Theta r_4$
$V(2, 33)$	$s_3\Theta r_1$	$V(2, 34)$	$s_3\Theta r_2$	$V(2, 35)$	$s_3\Theta r_3$	$V(2, 36)$	$s_3\Theta r_4$
$V(2, 37)$	$s_5\Theta r_1$	$V(2, 38)$	$s_5\Theta r_2$	$V(2, 39)$	$s_5\Theta r_3$	$V(2, 40)$	$s_5\Theta r_4$
$V(2, 41)$	$s_7\Theta r_1$	$V(2, 42)$	$s_7\Theta r_2$	$V(2, 43)$	$s_7\Theta r_3$	$V(2, 44)$	$s_7\Theta r_4$
$V(2, 45)$	$s_8\Theta r_1$	$V(2, 46)$	$s_8\Theta r_2$	$V(2, 47)$	$s_8\Theta r_3$	$V(2, 48)$	$s_8\Theta r_4$
$V(2, 49)$	$w_1\Theta s_1$	$V(2, 50)$	$w_1\Theta s_2$	$V(2, 51)$	$w_1\Theta s_3$	$V(2, 52)$	$w_1\Theta s_5$
$V(2, 53)$	$w_1\Theta s_7$	$V(2, 54)$	$w_1\Theta s_8$	$V(2, 55)$	$w_2\Theta s_1$	$V(2, 56)$	$w_2\Theta s_2$
$V(2, 57)$	$w_2\Theta s_3$	$V(2, 58)$	$w_2\Theta s_5$	$V(2, 59)$	$w_2\Theta s_7$	$V(2, 60)$	$w_2\Theta s_8$
$V(2, 61)$	$w_3\Theta s_1$	$V(2, 62)$	$w_3\Theta s_2$	$V(2, 63)$	$w_3\Theta s_3$	$V(2, 64)$	$w_3\Theta s_5$

续表

P(V)	计算式	P(V)	计算式	P(V)	计算式	P(V)	计算式
V(2, 65)	$w_3\Theta s_7$	V(2, 66)	$w_3\Theta s_8$	V(2, 67)	$w_5\Theta s_1$	V(2, 68)	$w_5\Theta s_2$
V(2, 69)	$w_5\Theta s_3$	V(2, 70)	$w_5\Theta s_5$	V(2, 71)	$w_5\Theta s_7$	V(2, 72)	$w_5\Theta s_8$
V(2, 73)	$w_6\Theta s_1$	V(2, 74)	$w_6\Theta s_2$	V(2, 75)	$w_6\Theta s_3$	V(2, 76)	$w_6\Theta s_5$
V(2, 77)	$w_6\Theta s_7$	V(2, 78)	$w_6\Theta s_8$	V(2, 79)	$w_7\Theta s_1$	V(2, 80)	$w_7\Theta s_2$
V(2, 81)	$w_7\Theta s_3$	V(2, 82)	$w_7\Theta s_5$	V(2, 83)	$w_7\Theta s_7$	V(2, 84)	$w_7\Theta s_8$

基于风险影响因素的耦合，构建港口危化品物流多维度风险情景：一维风险情景可表示为 $V(1, n)=(W, S, R)$，二维风险情景可表示为 $V(2, n)=(W\Theta S, W\Theta R, R\Theta S)$，三维风险情景可表示为 $V(3, n)=(W\Theta S\Theta R)$。其中，风险情景的维度 m 为 1、2 和 3，n 为风险情景的序数，以此类推可列举出港口危化品物流风险的二维和三维风险情景。根据构建的多维风险评估模型，考虑风险影响因素耦合发生对港口危化品物流风险的影响，从一维到多维进行风险评估，能够全面地展现港口物流风险水平。

5.3 港口危化品物流风险评估实证分析

通过研究港口危化品事故的情景要素、风险影响因素的识别、多维风险情景构建和建议对策等，构建多维情景下的风险评估模型，并利用贝叶斯理论进行风险概率的修正，实现港口危化品物流事故多维风险情景的推演。近年来，我国港口物流有了迅猛发展，大多数港口都涉及危化品货物运输。为此，有必要开展港口危化品物流风险评估实证分析。

5.3.1 数据来源与处理

基于我国主要港口危化品吞吐量的分析，选取 15 个重要危化品吞吐港口。由于天然气和化工品吞吐量较难获得完整统计数据，以石油、天然气及制品为代表品类研究港口危化品，确定港口危化品物流风险评估模型指标，如表 5.9 所示。

表 5.9　港口危化品物流风险评估模型指标

指标	维度	权重	数据来源	指标	维度	权重	数据来源
w_1	$\boldsymbol{W}$	0.91	《中国港口年鉴》	s_3	$\boldsymbol{S}$	1.17	《中国能源统计年鉴》
w_2	$\boldsymbol{W}$	0.90	《中国港口年鉴》	s_5	$\boldsymbol{S}$	0.95	《中国城市统计年鉴》
w_3	$\boldsymbol{W}$	0.85	各港口城市统计年鉴	s_7	$\boldsymbol{S}$	1.36	《中国交通年鉴》
w_5	$\boldsymbol{W}$	1.14	《中国港口年鉴》	s_8	$\boldsymbol{S}$	1.36	《中国交通年鉴》
w_6	$\boldsymbol{W}$	0.87	《中国港口年鉴》	r_1	$\boldsymbol{R}$	1.11	《中国港口年鉴》
w_7	$\boldsymbol{W}$	0.86	《中国城市统计年鉴》	r_2	$\boldsymbol{R}$	0.87	应急管理局
s_1	$\boldsymbol{S}$	1.36	《中国能源统计年鉴》	r_3	$\boldsymbol{R}$	1.00	《中国港口年鉴》
s_2	$\boldsymbol{S}$	1.13	《中国能源统计年鉴》	r_4	$\boldsymbol{R}$	0.92	《中国交通年鉴》

基于港口危化品物流风险的影响因素指标的计量单位有很大不同，一般情况下不能进行统一计算，必须采用相关方法对风险影响因素指标进行归一化处理。熵值法是一种根据数值信息进行指标标准化的方法，且可以根据指标富含的信息保留原有数据所蕴含的效用和价值，[171]本部分基于此方法对正负向风险影响因素指标进行数据处理，数值越大表示风险越大。对于港口危化品物流风险评价模型中的定性数据，则采取专家评价打分的方式。定量指标的具体处理方法如下。

正向指标具体处理方式：

$$x_{ij}=\frac{x_{ij}-\min\{x_{ij},\ \cdots,\ x_{nj}\}}{\max\{x_{ij},\ \cdots,\ x_{nj}\}-\min\{x_{ij},\ \cdots,\ x_{nj}\}} \tag{5.7}$$

负向指标具体处理方式：

$$x_{ij}=\frac{\max\{x_{ij},\ \cdots,\ x_{nj}\}-x_{ij}}{\max\{x_{ij},\ \cdots,\ x_{nj}\}-\min\{x_{ij},\ \cdots,\ x_{nj}\}} \tag{5.8}$$

其中，x_{ij}为第 i 个港口第 j 个指标的数值，取值为正整数，归一化处理后的数据记为 x_{ij}^{*}。

确定各项指标权重，第 j 项指标下第 i 个港口占该指标的权重：

$$p_{ij}=\frac{x_{ij}}{\sum_{i=1}^{n}x_{ij}} \tag{5.9}$$

第 j 项指标的熵值为：

$$e_j = -k\sum_{i=1}^{n} p_{ij}\ln(p_{ij}) \tag{5.10}$$

其中，$k=1/\ln(n)$，$e_j \geqslant 0$，$e_j \in (0, 1)$。

风险影响因素指标的熵值为：

$$p_{ij} = \frac{d_j}{\sum_{j=1}^{m} d_j}, \quad d_j = 1 - e_j \tag{5.11}$$

确定各项指标权重后，根据式(5.12)计算获得港口危化品物流风险定量指标的值。

$$s_i = \sum_{j=1}^{m} w_j \cdot p_{ij} \tag{5.12}$$

对于港口危化品物流风险评估模型中的定性数据，采用5位专家评价结果的算术平均值作为相应指标的数据。采用专家打分法对定性数据进行处理，具体方法如下。

(1)确立评价因素

$P=\{P_1, P_2, \cdots, P_n\}$ = {港口危化品吞吐量，…，港口城市交通事故死亡人数}，n 为指标个数。

(2)建立评价等级

建立风险影响因素修正概率评价等级 $V=\{V_1, V_2, V_3, V_4, V_5\}$，数值越大表示风险越大。

(3)定性指标评价结果

由专家对各港口危化品物流风险的影响因素进行评价，取其算术平均值，获得相应风险评价结果。

通过港口危化品物流的风险定量与定性评价结果，得到港口危化品物流总的风险评价结果。

5.3.2 多维风险情景下风险影响因素发生概率

基于港口危化品物流风险关键要素的识别，确定研究港口危化品物流风险的指标体系，并构建多维风险情景。基于 WRT 方法的港口危化品物流多维风险情景下的风险评估，主要通过两个方面进行：一方面是计算港口危化品物流风险的发生概率，另一方面是评估风险影响因素发生的后果严重程度。

多维风险情景下风险影响因素发生的概率通过贝叶斯网络理论进行计算。贝叶斯网络理论融合概率统计和图论两种方法，由学者 Pearl 首次完整提出，[172]主要应用于信息不完全的概率计算。通过对已有信息的感知，对未知信息的概率估计，进而对概率进行修正，最后得到修正概率。基于上述分析，以 A 和 B 表示 E 的两个基本事件，且 $P(A)>0$，作如下定义。

(1)条件概率

当 A 发生时，B 发生的概率为：

$$P(B \mid A)=\frac{P(AB)}{P(A)} \tag{5.13}$$

当两个事件满足如下乘法公式：

$$P(AB)=P(A)\cdot P(B \mid A)=P(B)P(A \mid B) \tag{5.14}$$

则当有 n 个事件 A_1，A_2，…，A_n，且 $P(A_1)\geqslant P(A_1A_2)\geqslant\cdots\geqslant P(A_1A_2\cdots A_n)$，乘法公式为：

$$P(A_1 \mid A_2\cdots A_n)=P(A_1)\cdot P(A_2 \mid A_1)\cdot\cdots\cdot P(A_n \mid A_1A_2\cdots A_n) \tag{5.15}$$

(2)全概率公式

当 $B_i\cap B_j=\varnothing$，$B_i\cup B_2\cup\cdots\cup B_n=E$，$P(B_i)\geqslant 0$，$i\neq j$，其中 E 为样本空间，则对丁事件 A 有：

$$P(A)=P(A \mid B_1)\cdot P(B_1)+P(A \mid B_2)\cdot P(B_2)+\cdots+P(A \mid B_n)\cdot P(B_n) \tag{5.16}$$

当 $A\cap B_n=\varnothing$，则有：

$$P(A)=P(A \mid B_1)\cdot P(A \mid B_2)\cdot\cdots\cdot P(A \mid B_n) \tag{5.17}$$

(3)贝叶斯公式

基于贝叶斯理论，分设先验和后验两个概率。其中先验概率是根据经验得出的概率，后验概率是根据先验概率修正得到的概率，则：

$$P(B_i \mid A) = \frac{P(A \mid B_i) \cdot P(B_i)}{\sum_{j-1}^{n} P(A \mid B_j) \cdot P(B_j)} \tag{5.18}$$

贝叶斯网络理论融合多种方法，并加入概率论、图论和人工智能等。可通过有向无环图进行分析，图中节点表示变量，有向边表示变量间的因果关系，变量之间的相关程度用条件概率表示。无环图是对每一个现实问题抽象化的数学思维表达，每一个节点表示一个随机变量 S_i，变量关系通过有向边表示。[173]一个简单的贝叶斯网络结构如图 5.8 所示。

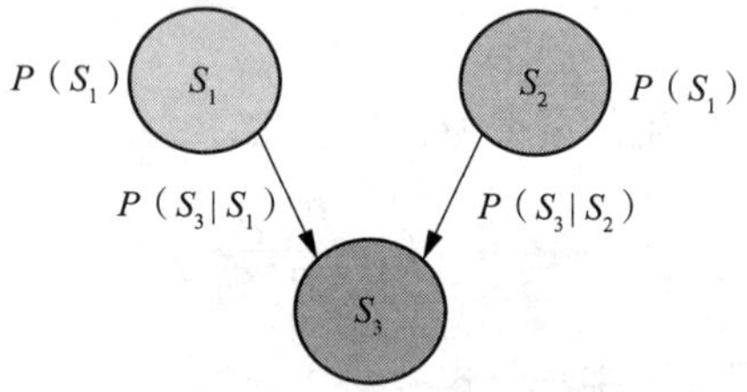

图 5.8　贝叶斯网络结构

图 5.8 由父节点与子节点构成，它们之间的关系强度以条件概率进行描述。例如，$P(S_3 \mid S_1)$表示条件概率，是情景 S_1 条件下 S_3 发生的概率，相应地，$P(S_3 \mid S_2)$是情景 S_2 条件下 S_3 发生的概率。对于没有父节点的变量，可通过先验概率进行计算。例如，$P(S_1)$为先验概率，是在先前经验基础上的估计，可根据公式计算后验概率。

常见的贝叶斯网络的构造方法有两种：一种是定性方法，向相关领域的专家进行咨询，并根据变量间的关系进行构造，即先验贝叶斯网络，这种构造缺乏客观性与可靠性；另一种是定量方式，即通过数据分析获得，找出该数据在某种目标下最优的贝叶斯网络。图 5.8 展示了通过数据分析构建进行概率计算的过程，通过参数、结构和推理三个部分进行学习。此外，还有一种混合方法，该方法汲取了以上两种方法的优点，先采用基于相关性分析的方法缩小搜索空间，再采用基于评分搜索的方法学得最优的结构。例如，Singh 等于 1995 年将条件独立性检验与 K2 算法结合提出混合结构学习算法。[174]

风险评估中常用历史数据[175]或贝叶斯网络理论对事故发生概率进行估计。[176]由于港口危化品物流风险影响因素发生概率的历史数据少，基于这些历史数据进行规律总结难以实现。因此，对不确定性信息的估计十分重要，通过科学推理和决策，才能对概率做出合理的预估。贝叶斯网络理论可以在样本数据较少的情况下，对风险发生概率进行合理量化，同时增加概率估计的可靠性。因此，采用贝叶斯网络理论对风险影响因素发生概率进行修正以提高可靠度，由原概率和根据新信息进行的调整共同构成新概率，具体方式如下。

（1）先验概率

在风险发生前，假设对物理层方面的某一风险影响因素如 w_i 的发生风险有一个基本的概率判断，称为风险影响因素 w_i 的先验概率，用 $P_a(w_i)$ 表示。先验概率表示在不知道风险影响因素发生概率的情况下，先通过已有信息做出粗略估计。对于风险评估指标，需要以获取的相关指标数据作为依据，再依据式（5.7）或式（5.8）对数据进行标准化，最终以 0~1 的数值作为采用数据。例如，以天津港的原油储罐 w_1 作为定量指标，依据《中国港口年鉴》获得其原油储罐的容量。原油储罐容量越大，可合理存储的危化品越多，发生风险的概率降低，将其标准化后的数值作为先验概率，即以所有港口可获得的定量风险影响因素指标的标准化数据作为先验概率。

（2）修正概率

在贝叶斯网络理论中，通常加入一个调整因子重新评估事故的发生概率，对风险网络因素发生概率进行修正，使得预估概率更接近真实概率，在此定义为修正概率，用 $P_b(w_i)$ 表示，全部由专家评价得到。所有指标的修正概率均按 5 位专家的评价获得一组新的概率作为调整因子，取其算术平均值作为修正概率。

（3）后验概率

由于先验概率存在不准确性，须结合贝叶斯网络理论对其进行修正，增加风险概率预估的合理性。改进后的概率称为后验概率，用 $P_t(w_i)$ 表示，即我们最终需要的概率。以物理层方面的风险影响因素 w_i 发生概率为例，记先验概率为 $P_a(w_i)$、修正概率为 $P_b(w_i)$，则有风险影响因素 w_i 不发生事故的概率为 $P_a(\overline{w_i})$ 和 $P_b(\overline{w_i})$，借鉴贝叶斯网络理论的概率修正方法，对风险影响因素的发生概率进行计算，得到修正后的风险影响因素的后验概率为：

$$P_t(w_i)=\frac{P_a(w_i)P_b(w_i)}{P_a(w_i)P_b(w_i)+P_a(\overline{w_i})P_b(\overline{w_i})} \tag{5.19}$$

根据式(5.19)，以大连港原油储罐这一指标为例，对获取的大连港原油储罐容量基于熵值法进行归一化处理。原油储罐容量越大，可合理存储的危化品越多，发生风险的概率降低，属于负向指标；根据式(5.18)进行标准化得到先验概率 $P_a(w_1)=0.078$，再由专家对原油储罐因素发生风险的可能性进行评价，得到修正概率 $P_b(w_1)=0.2$，则 $P_a(\overline{w_1})=0.922$，$P_b(\overline{w_1})=0.8$。基于贝叶斯定理，则有 $P_t(w_1)=0.021$。如此得到的后验概率综合了先验概率和修正概率两方面的信息，弥补了单一概率过于主观性的不足。

基于每个港口危化品物流风险影响因素发生概率的结果，可以计算一维风险情景下的风险大小；对于多维风险情景下的风险影响因素的发生概率，则需要对其概率进行相乘。港口危化品物流多维风险情景下的发生概率的计算方式如表 5.10 所示。

表 5.10 多维风险情景下风险影响因素发生概率的计算方式

维度	风险情景	风险影响因素耦合	多维风险概率计算
一维	$V(1,\ n)$	$P_t(w_i/s_j/r_k)$	$P_t(w_i)/P_t(s_j)/P_t(r_k)$
二维	$V(2,\ n)$	$P_t(w_i\Theta s_j)$	$P_t(w_i)\cdot P_t(s_j)$
		$P_t(s_j\Theta r_k)$	$P_t(s_j)\cdot P_t(r_k)$
		$P_t(w_i\Theta r_k)$	$P_t(w_i)\cdot P_t(r_k)$
三维	$V(3,\ n)$	$P_t(w_i\Theta s_j\Theta r_k)$	$P_t(w_i)\cdot P(s_j)\cdot P_t(r_k)$

通过贝叶斯网络理论得到修正概率，得到每个港口危化品物流风险影响因素的发生概率，再计算多维风险情景下风险影响因素的发生概率。在多维风险情景下风险影响因素耦合发生的概率变小，由概率论可知多个风险影响因素耦合发生的概率由多个风险影响因素的独立发生概率相乘得到。考虑三维风险情景下耦合因素较少，在此采用其单一维度下的发生概率相乘得到多维风险情景下风险影响因素的发生概率，这也是进行多维风险评估的基础。

根据后验概率计算公式(5.19)和表5.10，对港口危化品物流多维风险情景下风险影响因素的发生概率进行计算。以大连港为例，基于2018年相关年鉴数据计算得到2017年的实际数据，大连港危化品物流风险影响因素的发生概率如表5.11所示。

表5.11　2017年大连港危化品物流风险影响因素的发生概率

概率	因素							
	w_1	w_2	w_3	w_5	w_6	w_7	s_1	s_2
先验概率 P_a	0.238	0	0.976	1	0.002	0.754	0.987	0.876
修正概率 P_b	0.200	0.100	0.250	0.250	0.400	0.250	0.400	0.250
后验概率 P_t	0.021	0.032	0.003	0.689	0.222	0.210	0.222	0.210
概率	因素							
	s_3	s_5	s_7	s_8	r_1	r_2	r_3	r_4
先验概率 P_a	0	0.983	0.674	0.215	0.304	0.021	0.116	0
修正概率 P_b	0.300	0.200	0.300	0.400	0.350	0.350	0.100	0.350
后验概率 P_t	0.155	0.925	0.004	0.222	0.186	0.225	0.010	0.225

根据表5.11中风险影响因素发生的概率，采用表5.10中的计算方式，可得到所有港口多维风险情景下风险影响因素的发生概率。同理，可依次得到其他港口历年多维风险情景下风险影响因素的发生概率，进而计算每个港口多维评估的结果。

5.3.3　多维风险情景下的后果严重程度

根据多维风险评估模型，采用事故后果严重程度对其进行风险衡量。

风险评估中对事故后果有多种衡量方式，主要有经济方面、人员方面和环境方面等，常通过历史经验数据分析估计损失，或者通过统计学、智能算法和 GIS 信息技术等方法进行模拟，[177]或根据研究内容由专家对后果严重程度进行评价打分。[178]由于港口危化品物流相关事故数据较少难以进行规律研究，所以难以开展事故后果的模型研究。在此，采用专家打分法获取数据，请专家对后果严重程度打分赋值，分值越大表示后果严重程度越高。在确定后果严重程度评价标准后，由专家根据经验和专业知识以及实际情况，对其后果严重程度进行评价。因此，构建后果严重程度评价矩阵，由专家基于评价矩阵进行打分。《水上交通事故统计办法》对事故后果划分的等级和描述如表 5.12 所示。

表 5.12 港口危化品物流风险影响因素后果等级

等级	严重程度	后果描述	表示	影响
1 级	较小事故	未造成人员伤亡的，未达到一般事故等级的事故	L	较小
2 级	一般事故	造成 1 人以上 3 人以下死亡的，或 1 人以上 10 人以下重伤的，或船舶溢油 1 吨以上 100 吨以下致水域污染的，或 100 万元以上 1 000 万元以下直接经济损失的事故	M	一般
3 级	较大事故	造成 3 人以上 10 人以下死亡的，或 10 人以上 50 人以下重伤的，或船舶溢油 100 吨以上 500 吨以下致水域污染的，或 1 000 万元以上 5 000 万元以下直接经济损失的事故	H	较大
4 级	重大事故	造成 10 人以上 30 人以下死亡的，或 50 人以上 100 人以下重伤的，或船舶溢油 500 吨以上 1 000 吨以下致水域污染的，或 5 000 万元以上 1 亿元以下直接经济损失的事故	N	重大
5 级	特别重大事故	造成 30 人以上死亡的，或 100 人以上重伤的，或船舶溢油 1 000 吨以上致水域污染的，或 1 亿元以上直接经济损失的事故	E	极大

由表 5.12 可知，水上交通事故后果严重程度的衡量标准主要有三个：一是人员伤害，包括死亡和重伤等伤害；二是污染，如有害污染物的泄漏；三是经济损失。根据事故后果严重程度，建立适合港口危化品物流风险影响因素引发的事故后果严重程度评估矩阵，如表 5.13 所示。

表 5.13 港口危化品物流风险影响因素引发的事故后果严重程度评估矩阵

可能性 P	1 级	2 级	3 级	4 级	5 级
	影响较小 L	影响一般 M	影响较大 H	影响重大 N	影响极大 E
A 极可能	M6	H12	E21	E22	E25
B 很可能	L4	H11	N16	N19	E24
C 有可能	L3	M8	H14	N18	E23
D 较为不可能	L2	M7	H13	N17	N20
E 很不可能	L1	L5	M9	M10	H15

由表 5. 13 可知，风险影响因素发生的可能性不同，分别对应不同的风险严重程度取值，值越大风险越大。其中 L1 ~ L5 表示影响较小的风险，取值为 0 ~ 25；M6 ~ M10 表示影响一般的风险，取值为 26 ~ 50；H11 ~ H15 表示影响较大的风险，取值为 51 ~ 75；N16 ~ N20 表示影响重大的风险，取值为 76 ~ 100；E21 ~ E25 表示影响极大的风险，取值为 101 ~ 125。港口危化品物流风险影响因素引发的事故后果严重程度值由 5 位专家评价打分得到，取所有专家评价结果的平均值，如表 5. 14 所示。

表 5. 14 是专家根据经验和专业知识以及实际情况，对各风险影响因素引发的事故后果严重程度进行赋值的矩阵。各风险影响因素引发的事故后果严重程度由 5 个专家进行综合评价得到，根据各风险影响因素的后果严重程度取值，得到港口危化品物流物理、事理和人理层风险影响因素引发事故后果严重程度的取值向量。结合港口危化品物流风险特点，建立风险影响因素引发事故后果严重程度评价标准矩阵。对港口危化品物流风险影响因素引发事故的严重度的评价是进行风险评估的基础，通过对风险影响因素发生概率的计算，并与港口危化品物流风险影响因素引发的事故后果严重程度相乘，估计港口危化品物流总体风险大小。

根据港口危化品物流风险影响因素引发的事故后果严重程度评价矩阵得到各风险影响因素引发的事故后果严重程度值，分别以 Cw_i、Cs_j 与 Cr_k 表示物理、事理和人理三方面风险影响因素引发的事故后果严重程度。在一维风险情景下，风险影响因素引发的事故后果严重程度就是每个独立风险影响因素产生的后果严重程度值。通常来说，随着风险耦合因素的增加，造成的后果更严重，不同研究的计算方式不同。由于本书构建的风险情景维度较小，风险耦合因素较少，以计算和衡量风险影响因素引发的事故后果严重程度。多维风险情景下，风险影响因素引发的事故后果严重程度的计算如表 5.15 所示。

表 5.14　港口危化品物流风险影响因素引发的事故后果严重程度

指标	解释	P	严重度	取值
港口危化品吞吐量	危化品吞吐量过大，多种危化品装卸储存导致风险	C	E	E23
港口货物吞吐量	货物吞吐量大、周转期长、停留时间久易产生风险	C	H	H14
港口城市工业产值	工业产值高，危化品需求量大，超过载荷，易导致风险	C	M	M8
港口泊位数	专业化、危化品泊位少，条件不够导致作业风险	D	N	N17
港口泊位长度	泊位的长度可分散风险	C	H	H14
港口城市生产总值	经济发展水平高对危化品需求大	D	M	M7
港口城市石油及原油消费量	消费量的大小影响危化品吞吐量	B	N	N19
港口城市天然气消费量	消费量的大小影响危化品吞吐量	C	N	N18
港口城市石油加工业投资	石油加工业投资越多，危化品吞吐量越大	C	L	L3
港口城市人口密度	人口密度越大，风险发生时可能造成的人员伤害越大	D	H	H13
港口城市交通事故经济损失	造成的经济损失越多，表示风险越大	B	N	N19
港口城市交通事故死亡人数	造成的伤亡人数越多，表示风险越大	C	E	E23
港口年设计通过能力	年设计通过能力影响危化品物流的承载能力	B	H	N16
应急管理	组织危化品物流企业的培训、日常检查、安全意识	C	N	N18
港口投资	港口投资对港口危化品专业化建设提供支持条件	D	N	N17
港口城市交通固定资产投资	交通投资大，装卸及运输便捷，可降低风险	D	M	M7

表 5.15 多维风险情景下风险影响因素引发事故的后果严重程度计算方式

维度	风险情景	风险影响因素耦合	风险影响因素引发的事故后果
一维	$V(1, n)$	$w_i/s_j/r_k$	$Cw_i/Cs_j/Cr_k$
二维	$V(2, n)$	$w_i\Theta s_j$	$\mathrm{Sum}(Cw_i, Cs_j)$
		$s_j\Theta r_k$	$\mathrm{Sum}(Cs_j, Cr_k)$
		$w_i\Theta r_k$	$\mathrm{Sum}(Cw_i, Cr_k)$
三维	$V(3, n)$	$w_i\Theta s_j\Theta r_k$	$\mathrm{Sum}(Cw_i, Cs_j, Cr_k)$

由表 5.15 可知，在二维风险情景下，耦合风险因素引发的事故后果严重程度值为两个风险影响因素引发的事故严重程度值 Cw_i 与 Cs_j、Cs_j 与 Cr_k 或 Cw_i 与 Cr_k 的算术和；在三维风险情景下，耦合风险因素发生的事故后果严重程度值为三个风险影响因素引发的事故严重程度值 Cw_i、Cs_j 与 Cr_k 的算术和。因此，可依次计算各港口不同维度风险情境下的风险大小。

5.4 风险评估结果与启示

5.4.1 港口风险评估结果

基于港口危化品物流多维风险评估模型，计算得到 15 个港口 11 年不同风险情景下港口危化品物流风险的大小。2017 年天津港的三维风险情景下物流风险值大小如表 5.16 所示。

表 5.16 2017 年天津港三维风险情景下物流风险值

风险情景	风险值	风险情景	风险值	风险情景	风险值	风险情景	风险值
$w_1\Theta s_1\Theta r_1$	0.341	$w_2\Theta s_5\Theta r_1$	0.000	$w_5\Theta s_1\Theta r_1$	0.096	$w_6\Theta s_5\Theta r_1$	0.002
$w_1\Theta s_1\Theta r_2$	2.471	$w_2\Theta s_5\Theta r_2$	0.000	$w_5\Theta s_1\Theta r_2$	0.710	$w_6\Theta s_5\Theta r_2$	0.013
$w_1\Theta s_1\Theta r_3$	1.273	$w_2\Theta s_5\Theta r_3$	0.000	$w_5\Theta s_1\Theta r_3$	0.365	$w_6\Theta s_5\Theta r_3$	0.007
$w_1\Theta s_1\Theta r_4$	0.690	$w_2\Theta s_5\Theta r_4$	0.000	$w_5\Theta s_1\Theta r_4$	0.192	$w_6\Theta s_5\Theta r_4$	0.003
$w_1\Theta s_2\Theta r_1$	0.265	$w_2\Theta s_7\Theta r_1$	0.000	$w_5\Theta s_2\Theta r_1$	0.073	$w_6\Theta s_7\Theta r_1$	0.028
$w_1\Theta s_2\Theta r_2$	1.957	$w_2\Theta s_7\Theta r_2$	0.002	$w_5\Theta s_2\Theta r_2$	0.553	$w_6\Theta s_7\Theta r_2$	0.208

续表

风险情景	风险值	风险情景	风险值	风险情景	风险值	风险情景	风险值
$w_1\Theta s_2\Theta r_3$	1.007	$w_2\Theta s_7\Theta r_3$	0.001	$w_5\Theta s_2\Theta r_3$	0.284	$w_6\Theta s_7\Theta r_3$	0.107
$w_1\Theta s_2\Theta r_4$	0.540	$w_2\Theta s_7\Theta r_4$	0.001	$w_5\Theta s_2\Theta r_4$	0.148	$w_6\Theta s_7\Theta r_4$	0.056
$w_1\Theta s_3\Theta r_1$	0.004	$w_2\Theta s_8\Theta r_1$	0.000	$w_5\Theta s_3\Theta r_1$	0.001	$w_6\Theta s_8\Theta r_1$	0.016
$w_1\Theta s_3\Theta r_2$	0.031	$w_2\Theta s_8\Theta r_2$	0.001	$w_5\Theta s_3\Theta r_2$	0.009	$w_6\Theta s_8\Theta r_2$	0.122
$w_1\Theta s_3\Theta r_3$	0.016	$w_2\Theta s_8\Theta r_3$	0.001	$w_5\Theta s_3\Theta r_3$	0.004	$w_6\Theta s_8\Theta r_3$	0.063
$w_1\Theta s_3\Theta r_4$	0.028	$w_2\Theta s_8\Theta r_4$	0.000	$w_5\Theta s_3\Theta r_4$	0.002	$w_6\Theta s_8\Theta r_4$	0.033
$w_1\Theta s_5\Theta r_1$	0.028	$w_3\Theta s_1\Theta r_1$	0.001	$w_5\Theta s_5\Theta r_1$	0.008	$w_7\Theta s_1\Theta r_1$	0.110
$w_1\Theta s_5\Theta r_2$	0.244	$w_3\Theta s_1\Theta r_2$	0.003	$w_5\Theta s_5\Theta r_2$	0.058	$w_7\Theta s_1\Theta r_2$	0.091
$w_1\Theta s_5\Theta r_3$	0.125	$w_3\Theta s_1\Theta r_3$	0.002	$w_5\Theta s_5\Theta r_3$	0.058	$w_7\Theta s_1\Theta r_3$	0.047
$w_1\Theta s_5\Theta r_4$	0.067	$w_3\Theta s_1\Theta r_4$	0.001	$w_5\Theta s_5\Theta r_4$	0.015	$w_7\Theta s_1\Theta r_4$	0.023
$w_1\Theta s_7\Theta r_1$	0.501	$w_3\Theta s_2\Theta r_1$	0.000	$w_5\Theta s_7\Theta r_1$	0.116	$w_7\Theta s_2\Theta r_1$	0.010
$w_1\Theta s_7\Theta r_2$	3.698	$w_3\Theta s_2\Theta r_2$	0.003	$w_5\Theta s_7\Theta r_2$	0.873	$w_7\Theta s_2\Theta r_2$	0.072
$w_1\Theta s_7\Theta r_3$	1.905	$w_3\Theta s_2\Theta r_3$	0.001	$w_5\Theta s_7\Theta r_3$	0.449	$w_7\Theta s_2\Theta r_3$	0.037
$w_1\Theta s_7\Theta r_4$	1.024	$w_3\Theta s_2\Theta r_4$	0.001	$w_5\Theta s_7\Theta r_4$	0.234	$w_7\Theta s_2\Theta r_4$	0.018
$w_1\Theta s_8\Theta r_1$	0.290	$w_3\Theta s_3\Theta r_1$	0.000	$w_5\Theta s_8\Theta r_1$	0.068	$w_7\Theta s_3\Theta r_1$	0.000
$w_1\Theta s_8\Theta r_2$	2.134	$w_3\Theta s_3\Theta r_2$	0.000	$w_5\Theta s_8\Theta r_2$	0.507	$w_7\Theta s_3\Theta r_2$	0.001
$w_1\Theta s_8\Theta r_3$	1.100	$w_3\Theta s_3\Theta r_3$	0.000	$w_5\Theta s_8\Theta r_3$	0.261	$w_7\Theta s_3\Theta r_3$	0.001
$w_1\Theta s_8\Theta r_4$	0.599	$w_3\Theta s_3\Theta r_4$	0.000	$w_5\Theta s_8\Theta r_4$	0.138	$w_7\Theta s_3\Theta r_4$	0.000
$w_2\Theta s_1\Theta r_1$	0.000	$w_3\Theta s_5\Theta r_1$	0.000	$w_6\Theta s_1\Theta r_1$	0.023	$w_7\Theta s_5\Theta r_1$	0.001
$w_2\Theta s_1\Theta r_2$	0.002	$w_3\Theta s_5\Theta r_2$	0.000	$w_6\Theta s_1\Theta r_2$	0.023	$w_7\Theta s_5\Theta r_2$	0.007
$w_2\Theta s_1\Theta r_3$	0.001	$w_3\Theta s_5\Theta r_3$	0.000	$w_6\Theta s_1\Theta r_3$	0.086	$w_7\Theta s_5\Theta r_3$	0.004
$w_2\Theta s_1\Theta r_4$	0.000	$w_3\Theta s_5\Theta r_4$	0.000	$w_6\Theta s_1\Theta r_4$	0.045	$w_7\Theta s_5\Theta r_4$	0.002
$w_2\Theta s_2\Theta r_1$	0.000	$w_3\Theta s_7\Theta r_1$	0.001	$w_6\Theta s_2\Theta r_1$	0.018	$w_7\Theta s_7\Theta r_1$	0.015
$w_2\Theta s_2\Theta r_2$	0.001	$w_3\Theta s_7\Theta r_2$	0.005	$w_6\Theta s_2\Theta r_2$	0.132	$w_7\Theta s_7\Theta r_2$	0.114
$w_2\Theta s_2\Theta r_3$	0.001	$w_3\Theta s_7\Theta r_3$	0.002	$w_6\Theta s_2\Theta r_3$	0.068	$w_7\Theta s_7\Theta r_3$	0.058
$w_2\Theta s_2\Theta r_4$	0.000	$w_3\Theta s_7\Theta r_4$	0.001	$w_6\Theta s_2\Theta r_4$	0.035	$w_7\Theta s_7\Theta r_4$	0.029
$w_2\Theta s_3\Theta r_1$	0.000	$w_3\Theta s_8\Theta r_1$	0.000	$w_6\Theta s_3\Theta r_1$	0.000	$w_7\Theta s_8\Theta r_1$	0.009
$w_2\Theta s_3\Theta r_2$	0.000	$w_3\Theta s_8\Theta r_2$	0.003	$w_6\Theta s_3\Theta r_2$	0.002	$w_7\Theta s_8\Theta r_2$	0.067

续表

风险情景	风险值	风险情景	风险值	风险情景	风险值	风险情景	风险值
$w_2\Theta s_3\Theta r_3$	0.000	$w_3\Theta s_8\Theta r_3$	0.001	$w_6\Theta s_3\Theta r_3$	0.001	$w_7\Theta s_8\Theta r_3$	0.035
$w_2\Theta s_3\Theta r_4$	0.000	$w_3\Theta s_8\Theta r_4$	0.001	$w_6\Theta s_3\Theta r_4$	0.000	$w_7\Theta s_8\Theta r_4$	0.018

各港口的一维、二维和三维风险情景下的风险值可通过计算获得，以2017年为例，15个港口多维风险情景下的风险值如表5.17所示。

表5.17 2017年各港口危化品物流风险矩阵

港口	一维风险	排序	二维风险				排序	三维风险	排序	总风险	排序
			$W\Theta S$	$W\Theta R$	$S\Theta R$	合计					
宁—舟港	3.58	14	6.58	3.46	1.88	11.92	14	7.04	10	22.54	14
上海港	4.37	9	17.24	9.53	6.34	33.11	4	42.79	3	80.27	3
广州港	4.02	11	5.65	4.36	7.03	17.04	12	14.64	6	35.7	9
唐山港	2.57	15	1.55	4.57	0.70	6.82	15	2.46	15	11.85	15
青岛港	4.85	5	3.26	19.28	3.21	25.75	8	15.22	5	45.82	5
天津港	8.18	1	34.43	18.78	21.14	74.35	1	131.95	1	214.48	1
大连港	3.73	13	1.32	12.87	1.61	15.80	13	5.73	12	25.26	13
营口港	4.46	8	0.44	22.70	0.49	23.63	9	2.67	14	30.76	11
日照港	4.73	7	1.34	23.22	1.33	25.89	7	7.59	9	38.21	8
烟台港	4.22	10	1.26	15.09	1.72	18.07	11	6.48	11	28.77	12
湛江港	4.82	6	1.80	22.59	1.67	26.06	6	10.09	7	40.97	6
深圳港	4.94	3	12.67	15.90	7.03	35.60	3	39.27	4	79.81	4
南京港	5.84	2	11.05	15.53	11.89	38.47	2	48.96	2	93.27	2
南通港	4.00	12	2.52	14.07	2.18	18.77	10	9.76	8	32.53	10
北部湾港	4.92	4	0.75	27.28	1.06	29.09	5	5.56	13	39.57	7

表5.17呈现了15个港口2017年一维风险情景、二维风险情景和三维风险情景下，以及三个维度风险相加的整体风险。为把控风险薄弱环节，实现有效监管提供了基础。表5.18和表5.19分别为2007—2018年15个港口危化品物流一维风险与二维风险结果、三维风险和整体风险结果。

表 5.18　2007—2018 年 15 个港口危化品物流一维风险和二维风险结果

港口	一维风险											
	2007	2008	2009	2010	2011	2012	2013	2014	2015	2016	2017	2018
宁—舟港	4.95	5.16	4.81	4.89	4.79	5.24	3.81	4.98	4.60	5.01	3.58	3.63
上海港	6.44	5.03	5.47	5.95	8.09	7.48	6.60	6.45	6.08	5.01	4.37	4.44
广州港	6.09	7.12	6.56	5.37	6.76	5.20	4.46	4.36	4.74	5.45	4.02	4.78
唐山港	5.65	5.80	5.14	5.70	4.82	4.24	3.68	3.67	3.10	3.36	2.57	2.63
青岛港	6.01	6.71	4.98	6.75	5.43	4.78	4.92	4.52	4.00	4.37	4.85	6.59
天津港	4.52	7.62	5.26	7.18	6.68	6.47	6.80	6.02	6.68	7.71	8.18	4.33
大连港	4.48	4.44	4.36	5.89	5.53	4.53	3.56	3.27	3.01	4.02	3.73	3.11
营口港	6.02	5.96	5.11	6.47	6.39	5.32	4.94	4.62	4.82	5.03	4.46	4.63
日照港	4.98	5.41	4.98	6.08	6.29	5.19	4.99	4.91	5.21	5.07	4.73	4.44
烟台港	5.83	6.27	4.65	6.67	6.53	5.11	4.71	4.42	4.54	4.42	4.22	3.65
湛江港	5.47	5.57	3.87	5.07	7.32	4.87	4.67	4.68	4.91	5.31	4.82	5.85
深圳港	4.28	4.66	6.30	6.91	5.67	4.77	5.76	5.18	5.14	3.74	4.94	4.25
南京港	5.34	6.91	5.32	5.12	6.30	5.41	6.11	4.84	5.82	6.16	5.84	4.41
南通港	5.85	5.68	5.23	5.22	6.25	5.00	4.80	4.38	4.35	4.28	4.00	3.38
北部湾港	3.98	4.70	4.18	4.35	4.81	4.59	4.38	4.16	4.45	4.69	4.92	3.99

港口	二维风险											
	2007	2008	2009	2010	2011	2012	2013	2014	2015	2016	2017	2018
宁—舟港	27.41	30.97	26.86	26.59	24.26	30.74	14.53	23.90	18.00	22.72	11.92	2.82
上海港	58.41	30.28	46.64	51.17	85.57	64.06	49.22	57.28	46.90	36.38	33.11	7.29
广州港	27.41	46.72	32.17	26.47	42.31	27.33	20.38	19.78	22.47	28.42	17.04	11.14
唐山港	41.43	43.94	32.78	41.10	27.37	20.93	15.40	16.19	10.09	12.71	6.82	7.60
青岛港	42.23	51.75	26.22	60.48	34.01	23.72	24.04	23.28	16.83	21.16	25.75	28.03
天津港	17.02	53.35	23.28	54.83	43.27	42.23	49.51	36.40	44.41	57.21	74.36	16.50
大连港	23.21	22.01	19.62	45.62	36.37	22.28	11.96	10.58	8.81	18.89	15.81	9.78
营口港	41.93	50.31	29.69	62.06	52.79	32.45	27.71	24.28	28.28	30.14	23.62	27.28
日照港	30.80	35.17	29.64	56.70	53.14	31.39	28.68	27.06	31.83	29.11	25.88	24.19
烟台港	36.95	45.04	25.12	64.78	62.69	29.55	26.11	20.29	22.34	20.55	18.06	15.99
湛江港	35.39	36.40	16.95	30.15	74.49	27.25	25.33	23.96	26.95	30.40	26.06	51.58
深圳港	21.98	25.68	44.51	57.51	44.01	26.74	41.17	33.55	33.90	14.54	35.59	28.33
南京港	34.59	55.69	33.60	38.92	48.76	33.92	41.07	26.31	36.83	42.41	38.47	31.07
南通港	38.14	39.02	32.18	31.77	47.17	28.45	27.69	23.24	22.08	20.94	18.77	20.23
北部湾港	20.05	27.89	23.50	23.11	30.01	23.32	22.59	19.47	22.39	23.55	29.09	29.64

表5.19 2007—2018年15个港口危化品物流三维风险和整体风险结果

港口	三维风险											
	2007	2008	2009	2010	2011	2012	2013	2014	2015	2016	2017	2018
宁—舟港	27.46	30.70	27.32	27.62	23.15	34.33	10.02	19.31	9.95	17.14	7.04	5.95
上海港	92.66	1.61	67.85	71.15	172.91	80.06	36.16	86.26	45.12	34.77	42.79	14.93
广州港	24.45	61.76	32.10	26.49	52.40	29.29	19.22	18.22	21.67	30.26	14.64	20.43
唐山港	45.49	48.41	28.44	51.55	23.44	12.05	7.40	9.62	5.27	7.83	2.46	13.11
青岛港	47.80	61.33	18.56	100.76	28.91	15.32	13.68	16.77	10.23	14.49	15.22	59.38
天津港	9.04	72.83	12.71	67.47	55.19	53.08	69.84	38.07	52.16	83.88	131.95	19.59
大连港	21.33	15.61	9.40	65.19	43.50	14.30	6.71	5.69	3.98	9.32	5.73	5.03
营口港	33.44	65.89	3.58	108.03	69.63	4.32	3.43	2.64	12.58	6.82	2.67	14.15
日照港	22.08	17.10	6.96	96.57	73.92	5.73	4.93	3.11	14.29	4.32	7.59	10.20
烟台港	23.34	31.01	7.47	130.00	124.04	7.71	11.74	3.97	12.56	5.36	6.48	8.27
湛江港	20.82	19.37	4.74	11.30	143.98	6.59	10.89	4.81	13.16	7.65	10.09	48.45
深圳港	20.29	24.45	62.09	96.85	65.05	27.69	48.78	30.00	35.24	9.33	39.27	16.07
南京港	37.24	83.89	30.56	54.39	69.40	32.80	42.12	21.28	46.01	53.00	48.96	20.50
南通港	32.52	42.28	22.52	20.47	58.64	16.37	20.06	11.53	13.60	10.78	9.76	4.31
北部湾港	7.04	15.65	14.25	4.66	23.30	1.28	7.31	0.33	4.60	2.10	5.56	0.20

港口	整体风险											
	2007	2008	2009	2010	2011	2012	2013	2014	2015	2016	2017	2018
宁—舟港	59.82	66.83	58.99	59.1	52.2	70.31	28.36	48.19	32.55	44.87	22.54	12.40
上海港	157.51	36.92	119.96	128.27	266.57	151.6	91.98	149.99	98.1	76.16	80.27	26.67
广州港	57.95	115.6	70.83	58.33	101.47	61.82	44.06	42.36	48.88	64.13	35.7	36.36
唐山港	92.57	98.15	66.36	98.35	55.63	37.22	26.48	29.48	18.46	23.9	11.85	23.35
青岛港	96.04	119.79	49.76	167.99	68.35	43.82	42.64	44.57	31.06	40.02	45.82	93.99
天津港	30.58	133.8	41.25	129.48	105.14	101.78	126.15	80.49	103.25	148.8	214.49	40.42
大连港	49.02	42.06	33.38	116.7	85.4	41.11	22.23	19.54	15.8	32.23	25.27	17.92
营口港	81.39	122.16	38.38	176.56	128.81	42.09	36.08	31.54	45.68	41.99	30.75	46.05
日照港	57.86	57.68	41.58	159.35	133.35	42.31	38.6	35.08	51.33	38.5	38.2	38.83
烟台港	66.12	82.32	37.24	201.45	193.26	42.37	42.56	28.68	39.44	30.33	28.76	27.91
湛江港	61.68	61.34	25.56	46.52	225.79	38.71	40.89	33.45	45.02	43.36	40.97	105.88
深圳港	46.55	54.79	112.9	161.27	114.73	59.2	95.71	68.73	74.28	27.61	79.8	48.66
南京港	77.17	146.49	69.48	98.43	124.46	72.13	89.3	52.43	88.66	101.57	93.27	55.98
南通港	76.51	86.98	59.93	57.46	112.06	49.82	52.55	39.15	40.03	36	32.53	27.92
北部湾港	31.07	48.24	41.93	32.12	58.12	29.19	34.28	23.96	31.44	30.34	39.57	33.83

由表 5. 18 可知，在一维风险情景中，风险大的港口分别是上海港、天津港和广州港。在 2014 年之前，上海港的风险大，广州港的风险较大；2015—2018 年，天津港风险大。从整体上看，各港口一维风险情景下风险较小。在二维风险情景中，风险大的港口分别为上海港、南京港、烟台港、天津港和湛江港。二维风险情景下上海港的风险大，天津港风险较大。

由表 5. 19 可知，在三维风险情景中，风险大的港口分别为上海港、南京港、烟台港、天津港和青岛港。整体风险比较大的港口分别为上海港、南京港、烟台港、天津港和湛江港。2007—2014 年，上海港、烟台港和南京港风险较大；2015—2018 年，天津港和湛江港风险较大。应重点关注有较高风险的港口。在风险评估结果的基础上，各个港口风险较大的维度也通过风险耦合得到其风险分布。通过比较研究发现，二维和三维风险情景下的风险高于一维风险情景下的风险，而二维和三维风险情景下的风险大致相当。结合风险评估结果可以看出，一维风险情景下，风险容易发生，但风险造成的后果较小。二维风险情景下，风险比较容易发生，风险造成的后果较大。三维风险情景下，风险不容易发生，但风险造成的后果较大。在多数情况下，各港口二维风险和三维风险情景下的风险值更大。基于深入分析二维风险情景下各港口物理、事理与人理层面的耦合风险情况，2017 年 15 个港口物理—事理—人理层面的风险分布如图 5. 9 所示。

二维风险情景下，物理、事理与人理层面的风险因素两两耦合，得到 15 个港口二维风险情景下的危化品物流风险状态，值越大表示风险越大。从 2017 年各港口的二维风险耦合分布来看，物理层面与人理层面的耦合风险明显大于物理层面与事理层面及事理层面与人理层面的耦合风险，物理层面与事理层面、事理层面与人理层面的耦合风险大致相当。物理层面与人理层面的耦合风险从大到小依次是北部湾港、日照港、营口港、湛江港、青岛港、天津港、深圳港、南京港、烟台港、南通港、大连港、上海港、唐山港、广州港和宁—舟港，物理层面与事理层面的耦合风险从大到小依次是天津港、上海港、深圳港、南京港、宁—舟港、广州港、青岛港、南通港、湛江港、唐山港、日照港、大连港、烟台港、北部湾港和营

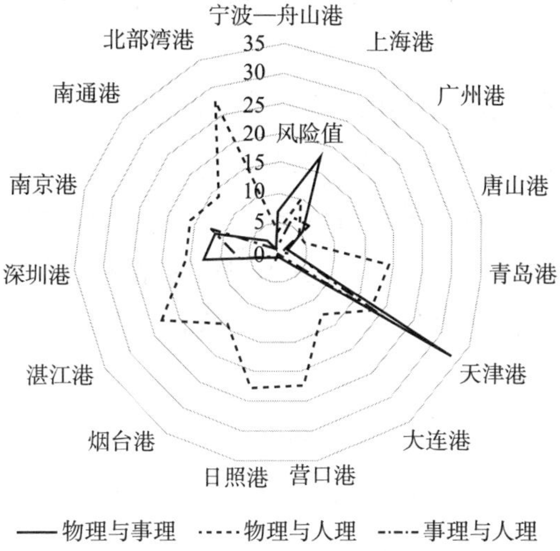

图 5.9　2017 年 15 个港口物理—事理—人理层面的风险分布

口港，事理层面与人理层面的耦合风险从大到小依次是天津港、南京港、广州港、深圳港、上海港、青岛港、南通港、宁—舟港、烟台港、湛江港、大连港、日照港、北部湾港、唐山港和营口港。2007—2018 年 15 个港口各层面的耦合风险分布如图 5.10 所示。

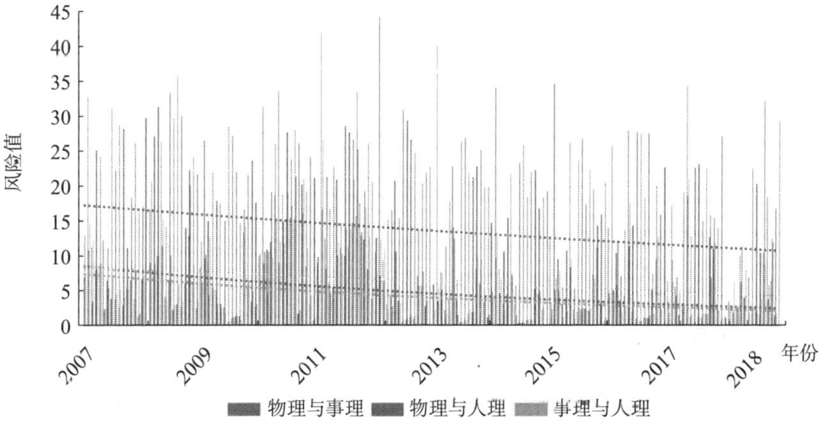

图 5.10　2007—2018 年 15 个港口物理—事理—人理层面的风险分布

从图 5.10 可看出，2007—2018 年 15 个港口各层面的风险分布中，物理层面与人理层面的耦合风险大于其他两种情况下的耦合风险，物理层面与事理层面的耦合风险稍大于事理层面与人理层面的耦合风险。各港口物理、事理和人理三方面的风险因素耦合状态分析如下。

(1)物理层面与事理层面的风险耦合分析

从二维风险情景下港口物流风险的评估结果来看，耦合风险从大到小依次是天津港、南京港、锦州港、秦皇岛港、宁—舟港、大连港和营口港。天津港风险最大，主要是由于其港口危化品吞吐量大，但是储罐容积不够，泊位数较少；天津市工业产值占比达到40%，危化品的使用及运输量较大，其港口2018年投资为9.248 5亿元，与其他港口相比，港口投资较少。大连港和营口港危化品吞吐量较小，而宁—舟港分属两个港口，且基础设施建设较为完善，投资大，分散了风险，整体风险较小。因此，天津港应着重从物理层和事理层加强风险防范，适当增加天津港储罐容积和泊位数等，以分散港口危化品吞吐压力。

(2)物理层面与人理层面的风险耦合分析

从港口物流风险评估的结果来看，耦合风险从大到小依次是南京港、天津港、秦皇岛港、锦州港、宁—舟港、大连港、营口港。南京港风险较大，这是由于其原油储罐容量较小，仅40万立方米，危化品吞吐量却高达2 715万吨；而营口港危化品吞吐量为2 364万吨，其原油储罐容量为550.97万立方米，危化品吞吐量比南京港小，基础设施建设更完备，风险较小。除了宁—舟港以外，其他港口相关部门监督管理水平大致相当，要加强监督管理以及相关培训，加强企业监督和日常检查。

(3)事理层面与人理层面的风险耦合分析

从港口物流风险评估的结果来看，耦合风险从大到小依次是南京港、天津港、锦州港、秦皇岛港、营口港、大连港和宁—舟港。宁—舟港风险较小，主要得益于其合并以来的迅速发展，最近几年的港口投资都在百亿元。根据2018年《中国港口年鉴》的数据，宁—舟港的投资高达510亿元，服务和基础设施建设大大提升，为港口的发展奠定了基础。另外，宁—舟港相关政府审核部门如浙江省宁波市应急管理局优化了相关服务，企业可以在浙江省宁波市应急管理局网站上办理危化品经营许可证、使用许可证等事务。浙江省宁波市应急管理局网站上不仅有完善的网上办事流程和指南，还有很多信息供企业查询。企业可以选择网络申请、现场窗口申请和邮寄申请，宁波市应急管理局承诺办结时间为12天，比法定期限30天缩短了近2/3，办理结果可以快递或电子传送，服务更加人性化。但不少港口所在的应急管理部门只有信息展示，且更新缓慢，危化品物流安全知识培训安排得较少。

综上所述，针对港口危化品物流风险的管理，物理层是基础；事理层是推进事物发展的关键环节，只有合理安排好事务流程及组织规划，才能保证有条不紊地开展作业，进而减少不必要的风险。但港口基础设施建设的完善以及危化品安全管控，都需要通过人理层安排决定投资建设的程度，危化品的需求和吞吐量也与人的需求和宏观调控有关。人理层要素的完善对港口危化品物流风险管理起着至关重要的作用，既是起始，又是物理层和事理层各因素发展改进的关键，要通过物理—事理—人理这一循环链条协调改进的作用，不断优化管理体系，减少港口危化品物流风险。通过港口危化品物流的多维风险综合评估，为风险管理打下坚实基础。

5.4.2 风险管理启示

基于WRT方法的多维风险评估模型，从一维、二维和三维三个方面对各港口的风险进行评估，确定整体风险大小，指明了各港口物理、事理和人理三个方面的薄弱环节。基于风险评估的核心思想，物理、事理和人理三方面是互相影响且螺旋上升的，为此，从物理、事理和人理三方面对港口危化品物流风险进行协同管理分析，具体如图5.11所示。

在港口危化品物流风险管理的物理层与事理层协同方向，物理层除了受本身的因素影响以外，还受事理层因素的影响。如物理层的港口危化品吞吐量 w_1 影响事理层子系统中的港口城市石油及原油消费量 s_1 和港口城市天然气消费量 s_2，反过来港口城市石油及原油消费量 s_1 和港口城市天然气消费量 s_2 也会影响港口危化品吞吐量 w_1。同时港口城市人口密度 s_5 越大，港口城市越发达，创造的生产总值也越多，人口多需要的消费品等商品也多，因而影响到港口货物吞吐量 w_2。

在港口危化品物流风险管理的物理层与人理层协同方面，物理层除了

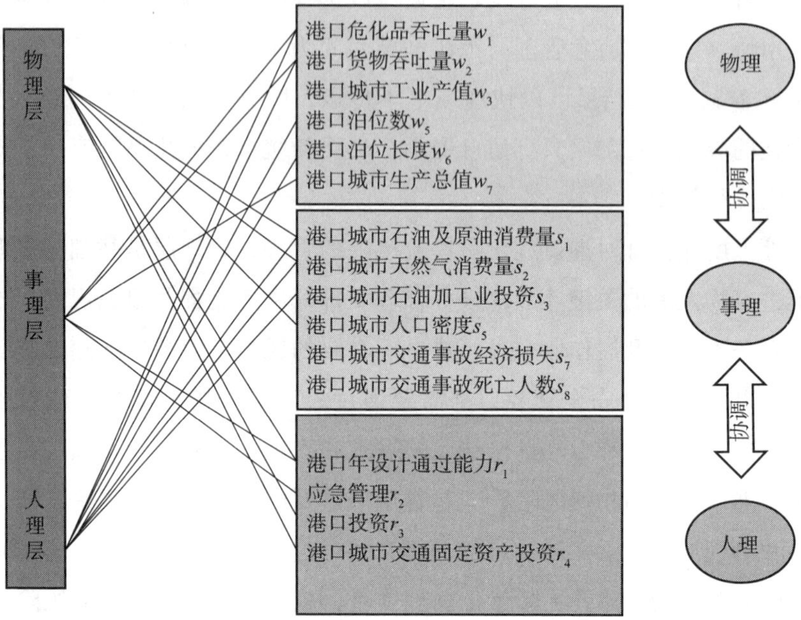

图 5.11 港口危化品物流风险的物理—事理—人理协同分析

受本身的因素影响以外，还受人理层因素的影响。人理层的港口年设计通过能力 r_1 影响物理层的港口危化品吞吐量 w_1 和港口货物吞吐量 w_2，人理层的港口投资 r_3、港口城市交通固定资产投资 r_4 影响物理层的港口泊位数 w_5 和港口泊位长度 w_6；反过来物理层的港口泊位数 w_5 和港口泊位长度 w_6 也影响人理层的港口年设计通过能力 r_1、港口投资 r_3、港口城市交通固定资产投资 r_4。

在港口危化品物流风险管理的事理层与人理层协同方面，事理层除了受本身的因素影响以外，还受人理层因素的影响。人理层的应急管理 r_2 一定程度上影响事理层的港口城市交通事故经济损失 s_7 和港口城市交通事故死亡人数 s_8。应急管理如果能定期开展事故预防及危化品专业知识培训等并且加强应急措施，在一定程度上可以减少事故损失和伤亡。事理层的港口城市石油及原油消费量 s_1 和港口城市天然气消费量 s_2 间接受人理层的港口年设计通过能力 r_1 的影响；港口年设计通过能力 r_1 通过影响港口危化品吞吐量 w_1，进而影响事理层的港口城市石油及原油消费量 s_1 和港口城市天

然气消费量 s_2。同时人理层的港口年设计通过能力 r_1 和港口投资 r_3 影响事理层的港口城市石油加工业投资 s_3，这是由于一些港口附近常常建立一些石油加工企业，以方便加工和生产。

从图 5.11 可以看出，在港口危化品物流风险的物理—事理—人理协同循环中，人理层子系统不断影响着物理层子系统和事理层子系统，是整个系统中影响力最大的子系统。物理层的辖区港口危化品吞吐量 w_1、港口货物吞吐量 w_2、港口泊位数 w_5 和港口泊位长度 w_6 都经人理层相关组织部门规划设计，物理层的状况是人理层相关努力的客观体现。同时，人理层组织架构及办事流程安排是否妥当完善，直接影响事理层事务的推进。因此，人理层风险影响因素的变化，必然引起物理层和事理层的相关因素的变动。人理层影响因素风险较小的是上海港和宁—舟港，这与人理层的相关组织和规划设计密不可分，上海港和宁—舟港的物理层和事理层的相关事务相较于其他港口较为优秀。

多维风险情景下的风险评估可以从多个维度刻画各港口物流风险状态，通过多维度和点面结合方式刻画风险演化过程，从整体上把控各港口的风险水平，防范重大风险。基于风险评估结果，针对港口危化品物流风险管理提出如下建议。

通过对我国 15 个重要的危化品吞吐港口开展风险评估，发现整体风险较大的港口有上海港、南京港、烟台港和天津港。2007—2014 年上海港、烟台港和南京港风险较大，2015—2017 年天津港风险较大。我国主要油港的危化品物流整体风险水平较高，表现为相应专业危化品泊位、危化品储罐和年设计通过能力等不足。因此，物理层应加强完善港口基础设施建设，增加专业泊位，扩大原油储罐容量等。事理层要更好地规划港区存储区域布局，增加港口投资，简化办事流程。人理层各相关部门要提前规划和完善监督规章，加强对危化品物流企业的安全教育和安全条件日常检查，完善条例，形成一套完善且规范的监督检查体系。

研究结果表明，耦合风险因素越多，发生概率越小；在某些情况下，二维风险情景下的风险比三维风险情景下的风险更大，应着重关注二维和三维风险情景下的风险管理。本书通过研究刻画物理、事理、人理三个层面相互影响的耦合关系，发现各风险因素互相影响会不同程度增加风险。因此，各港口要从物理、事理和人理三个维度不断对港口危化品物流风险影响因素做优化，才能实现对港口危化品物流风险更好的管控。物理层是基础，只有理性、科学、全面地掌握港口危化品物流系统的风险影响因素，才能有效地对港口危化品物流安全进行分析、决策和控制，并在突发紧急状态下采取有效措施。事理层是推进港口危化品物流发展的关键，事务流程规范程度和安排合理与否对港口危化品物流安全有重要影响。人理层则对港口危化品物流活动的主体进行规范，使其在符合规范、合理合法的范围内经营，同时贯穿于其他两个层面。人在实践中发现问题，通过事理层的方法和技术手段进行解决，过程中的一些改进和建设落实为物理层的客观实际。因此，只有三方面协同管理，才能降低港口危化品物流风险。

通过对我国15个重要港口进行风险评估，发现这些港口城市的工业产值占比较高，在35%左右，如天津港所在天津市工业产值占比为40%，宁—舟港所在的宁波市和舟山市工业产值占比平均为41.9%。所在城市工业产值占比较高的港口，其危化品吞吐量多数情况下也较大。目前危化品吞吐量较大的港口较多承接了核心地区的货物转运，如天津港、青岛港、上海港和宁—舟港。我国处于重要城市群的港口，较多地承载了该地区的危化品及其他货物吞吐量，占有重要地位。因此，应有重点地发展枢纽港口，有侧重地分散港口危化品泊位及运输压力。应多角度预测港口危化品吞吐量，尤其对处于“一带一路”沿线的港口、国家中心城市和国家重点枢纽港口。随着“通道+枢纽+网络”为一体的现代物流布局，相应的交通网络建设也全面铺开，更应提前对这些港口规划布局，对港口危化品吞吐能力进行设计及规划，以防范风险。

5.5 本章小结

本章在识别港口危化品物流风险影响因素的基础上，基于WSR方法的全面和辩证统一的思想，同时借鉴 RFRM 理论分清主次抓主要矛盾的思想，把互相影响复杂的风险因素简单化，保留关键风险影响因素。采用 TSS 情景构建理论对物理、事理和人理三个方面的风险影响因素进行多维风险情景构建。构建多维风险评估 WRT 模型，对 15 个重要的危化品吞吐港口进行实证分析，得到各港口风险评估结果，为港口危化品物流风险评估提供多维视角。

基于多维 WRT 风险评估模型，呈现 15 个港口的一维、二维和三维以及整体危化品物流风险大小，指明各港口物理、事理和人理三个方面的薄弱环节。基于多维风险情景下的风险评估从多个维度刻画了各港口的物流风险状态，通过多维度和点面结合方式刻画风险演化过程，从而有效防范重大风险，并抓住主要重点风险。通过分析整体风险和耦合风险，从整体上把握各港口的风险水平，并找出关键风险源。从物理、事理和人理三个方面对港口危化品物流风险进行协同管理分析，为管控港口危化品物流风险提出建议。

根据构建的多维 WRT 风险评估模型，基于风险影响因素的事故发生率和事故后果严重程度等对风险进行刻画，为港口危化品物流风险监管提供基础。引入港口危化品物流风险影响因素引发事故的概率和事故后果严重程度等因素对政府和企业策略选择的影响展开研究，有利于刻画不同风险水平和监管力度下政企双方策略选择的演化规律，从而为有效监管港口危化品物流、防范港口危化品物流重大风险提供决策依据。

第 6 章

港口危化品物流风险监管策略研究

目前港口危化品物流风险监管中存在哪些问题、如何解决是本章的研究重点。因此，本章通过构建演化博弈模型，研究政府和企业之间的演化稳定策略，并根据双方长期的策略选择行为的变化研究港口危化品物流风险监管中存在的问题，根据演化稳定性定理和策略演化规律对监管中存在的问题进行研究，提出解决思路，进而为监管机制的设计提供建议。

基于港口危化品物流风险的评估，构建多维风险评估模型，通过风险影响因素导致的事故发生率和事故后果严重程度等对风险大小进行描绘。为进一步地分析不同风险水平是否会对港口危化品物流风险监管行为产生影响，以及如何影响，引入刻画风险大小的事故发生率和事故后果严重程度以及监管力度等因素，构建考虑不同风险水平和监管力度的港口危化品物流风险监管博弈模型，深入探讨事故发生率和事故后果严重程度等参数对港口危化品的风险监管中政府和港口危化品物流企业策略选择的影响，进而为实现有效监管、防范重大风险，为设计监管机制提供决策依据。

6.1 港口危化品物流风险监管问题分析

2015年8月12日，天津港发生特大爆炸事故，事故是由港区一家国际物流企业的危化品爆炸引起的，引起国家高度重视。调查结果显示，这是一起特别重大的生产安全责任事故。直接原因是危化品装卸等物流环节存在暴力作业，且发生爆炸的当天气温达到36摄氏度，室外高气温导致集装箱内的温度达到65摄氏度，引发集装箱存放的硝化棉自燃。相关人员没有及时发现这一情况，火势蔓延导致其他危化品如硝酸铵发生爆炸。

基于事故调查报告，造成此次天津港爆炸事故的原因有两个：一是企业方面，二是政府方面。作为此次事故直接责任方的瑞海公司，存在严重违法行为，其不仅违规存放危化品，而且管理混乱，没有履行其应尽的责任。据调查报告，瑞海公司存在以下违法行为：①违法建设危化品货物堆场，既不按照天津市城市规划进行合理布局，也没有获得批准。②无证经营。③有些危化品货物的批复是通过不正当手段取得的。④违法存放危化品。⑤超量存放危化品。⑥违法进行危险货物的混放。⑦违规开箱、暴力装卸。⑧相关危化品没有进行登记备案。⑨危化品相关安全培训缺失。⑩没有开展危化品相关应急演习。

另外，相关管理部门和中介机构存在重大监管失职问题，共涉及十几个部门。

综上所述，天津港爆炸事故的原因，一是相关企业违法经营危化品货物；二是港口危化品物流相关监管部门监管严重失职。因此，着重分析港口危化品物流监管中两类主体之间的博弈行为十分必要，可为港口危化品物流的安全发展提供借鉴。

6.2 港口危化品物流中的演化博弈模型构建

上一章对港口危化品物流风险进行评估时，构建了多维风险评估模型，对其中最为重要的两个参数风险影响因素引发的事故发生率和事故后果严重程度的研究，是对各港口开展风险评估的基础，也是对风险水平量化的重要参数。在此，重点考虑风险水平对港口危化品物流风险监管过程的影响，继续引入事故发生率和事故后果严重程度两个参数进行深入分析，从监管的角度分析事故发生率和事故后果严重程度对政府和港口危化品物流企业策略选择的影响。

6.2.1 政府与企业双方演化博弈模型

研究政府监管部门和港口危化品物流企业两类主体之间的博弈关系，

对港口危化品物流风险的监督管理有重要作用。在信息严重不对称和机会主义环境下，将政府监管部门和港口危化品物流企业作为有限理性的博弈主体是比较合理的。根据天津港爆炸事故中的责任公司存在非法经营等实际情况，并借鉴其他学者对演化博弈中策略的设置，[179-181] 对于港口危化品物流企业设置守法经营和非法经营两种策略；而对政府监管部门设置严格监管和宽松监管两种策略。港口危化品物流企业和政府监管部门之间的演化博弈收益矩阵如表 6.1 所示。

表 6.1 港口危化品物流企业和政府监管部门之间的演化博弈收益矩阵

企业	政府监管部门	
	严格监管	宽松监管
守法经营	π_1-c_1，π_2-c_2	π_1-c_1，π_2
非法经营	$-d$，π_2-c_2	$(1-p)\pi_1-pt$，$(1-p)\pi_2-pm$

假设港口危化品物流企业选择守法经营的概率为 $x(0<x<1)$，则港口危化品物流企业选择非法经营的概率为 $1-x$。政府监管部门严格监管的概率为 $y(0<y<1)$，则对港口危化品物流采取宽松监管的概率为 $1-y$。港口危化品物流企业守法经营的收益设为 π_1，政府监管部门严格监管时得到社会公众拥护的名誉收益设为 π_2；港口危化品物流企业守法经营需要对物流设备进行更新、维护和专业检修以及员工培训等，投入成本为 $c_1(\pi_1>c_1)$，政府对危化品物流企业采取严格监管，需付出监管成本为 $c_2(\pi_2>c_2)$，如人、物、财等。政府监管部门严格监管时检查发现企业违法违规情况，予以一定处罚记为 d，此时企业的收益为 $-d$。非法经营和宽松监管很容易诱发一系列安全隐患，设每个风险情景下港口危化品物流风险影响因素引发事故的概率为 p，对应风险情景下港口危化品物流事故发生造成的经济损失为 t，现实中物流事故造成的财产损失 t 要远远大于非法经营的罚款 $d(t>d)$。

在港口危化品物流企业选择守法经营且政府监管部门严格监管情况下，港口危化品物流企业的收益为 π_1-c_1，政府监管部门的收益为 π_2-c_2。在港口危化品物流企业守法经营且政府监管部门宽松监管情况下，企业的收益依然为 π_1-c_1，而政府监管部门因宽松监管不需要投入成本，收益为

π_2。在港口危化品物流企业非法经营且政府监管部门严格监管情况下，港口危化品物流企业没有因开展人员危化品知识培训、装备升级和设施维护、检修等投入成本，假设政府监管部门的严格监管可以检查出这些违规行为，则企业被没收非法经营收入并处以 d 罚款，此时企业的收益为 $-d$，政府监管部门的收益为 π_2-c_2。在港口危化品物流企业非法经营和政府监管部门宽松监管情形下，港口危化品物流受企业非法经营和政府监管部门宽松监管双重不利因素的影响，更容易发生事故，如天津港事故不仅损坏危化品本身还造成其他损失。因此，结合危化品事故的实际情况，财产损失 t 一般要大于罚款 $d(t>d)$。政府监管部门因监管不力、公信力降低，受到大众和媒体指责而致政府的形象损失为 m。安全事故未发生时，即 $p=0$，港口危化品物流企业的收益为 π_1，政府监管部门的收益为 π_2。安全事故发生时，即 $p=1$，港口危化品物流企业的收益为 $-t$，政府监管部门的收益为 $-m$。港口危化品物流企业和政府监管部门的收益是事故发生概率 p 的期望收益，分别为 $(1-p)\pi_1-pt$、$(1-p)\pi_2-pm$。

6.2.2 均衡策略分析

基于模型利用画线法求解：当港口危化品物流企业采取守法经营策略时，相关监管部门选择严格监管策略的收益为 π_2-c_2，选择宽松监管策略的收益为 π_2，相关监管部门肯定会采取宽松监管策略，在 π_2 下面标注横线；当港口危化品物流企业采取非法经营策略时，相关监管部门选择严格监管策略的收益为 π_2-c_2，选择宽松监管策略的收益为 $(1-p)\pi_2-pm$，此时，相关监管部门采取何种策略会依据收益的大小决定。

当相关监管部门严格监管时，港口危化品物流企业选择守法经营策略的收益为 π_1-c_1，港口危化品物流企业选择非法经营策略的收益为 $-d$，港口危化品物流企业会采取守法经营策略，在 π_1-c_1 下面画横线；当相关监管部门宽松监管时，港口危化品物流企业选择守法经营策略的收益为 π_1-c_1，选择非法经营策略的收益为 $(1-p)\pi_1-pt$。此时，港口危化品物流风险的收益矩阵如表 6.2 所示。

表 6.2 港口危化品物流企业和相关监管部门演化博弈收益矩阵

企业	相关监管部门	
	严格监管	宽松监管
守法经营	π_1-c_1，π_2-c_2	π_1-c_1，π_2
非法经营	$-d$，π_2-c_2	$(1-p)\pi_1-pt$，$(1-p)\pi_2-pm$

由表6.2可以看出，变量取值不同，可能有不同的结果，下面对每一种情况下可能出现的策略进行讨论。

1. 当 $\pi_2-c_2>(1-p)\pi_2-pm$，即 $p>\dfrac{c_2}{\pi_2+m}$

(1) $\pi_1-c_1>(1-p)\pi_1-pt$ 时，采用画线法结果见表6.3

表 6.3 港口危化品物流企业和相关监管部门演化博弈收益矩阵

企业	相关监管部门	
	严格监管	宽松监管
守法经营	π_1-c_1，π_2-c_2	π_1-c_1，π_2
非法经营	$-d$，π_2-c_2	$(1-p)\pi_1-pt$，$(1-p)\pi_2-pm$

采取纯策略：政企双方采取的策略为{宽松监管，守法经营}，必须满足条件 $\pi_1-c_1>(1-p)\pi_1-pt$，可知：$p>\dfrac{c_1}{\pi_1+t}$。

(2) $\pi_1-c_1<(1-p)\pi_1-pt$ 时，采用画线法结果见表6.4

表 6.4 港口危化品物流企业和相关监管部门演化博弈收益矩阵

企业	相关监管部门	
	严格监管	宽松监管
守法经营	π_1-c_1，π_2-c_2	π_1-c_1，π_2
非法经营	$-d$，π_2-c_2	$(1-p)\pi_1-pt$，$(1-p)\pi_2-pm$

结果没有出现双横线，即 $p<\dfrac{c_1}{\pi_1+t}$，采取混合策略。

当相关监管部门严格监管时，不管港口危化品物流企业选择何种策略，相关监管部门的收益都是 π_2-c_2；当相关监管部门宽松监管时，港口危化品物流企业无论采取守法经营或非法经营策略，政府的期望收益都为

$x\pi_2+(1-x)[(1-p)\pi_2-pm]$。

当 $\pi_2-c_2=x\pi_2+(1-x)[(1-p)\pi_2-pm]$ 时，$x=1-\frac{c_2}{p(\pi_2+m)}$。下面是当港口危化品物流企业选择守法经营策略 x 的概率分别大于、小于和等于 $1-\frac{c_2}{p(\pi_2+m)}$，相关监管部门监管策略的变化和需要满足的条件。

(i)严格监管：$\pi_2-c_2>x\pi_2+(1-x)[(1-p)\pi_2-pm]$，可得 $x<1-\frac{c_2}{p(\pi_2+m)}$；

(ii)宽松监管：$\pi_2-c_2<x\pi_2+(1-x)[(1-p)\pi_2-pm]$，可得 $x>1-\frac{c_2}{p(\pi_2+m)}$；

(iii)收益相同：$\pi_2-c_2=x\pi_2+(1-x)[(1-p)\pi_2-pm]$，可得 $x=1-\frac{c_2}{p(\pi_2+m)}$。

港口危化品物流企业守法经营时，不管相关监管部门选择何种策略，港口危化品物流企业的收益都是 π_1-c_1；港口危化品物流企业采用非法经营策略时，针对相关监管部门的严格和宽松两种监管策略，港口危化品物流企业的期望收益为 $-dy+(1-y)[(1-p)\pi_1-pt]$。当 $\pi_1-c_1=-dy+(1-y)[(1-p)\pi_1-pt]$ 时，$y=\frac{c_1-p(\pi_1+t)}{\pi_1+d-p(\pi_1+t)}$。相关监管部门选择严格监管策略 y 的概率分别大于、小于和等于 $\frac{c_1-p(\pi_1+t)}{\pi_1+d-p(\pi_1+t)}$ 时，港口危化品物流企业的经营策略发生改变，需要满足的相应条件如下。

(i)守法经营：$\pi_1-c_1>-dy+(1-y)[(1-p)\pi_1-pt]$，可知 $y>\frac{c_1-p(\pi_1+t)}{\pi_1+d-p(\pi_1+t)}$；

(ii)非法经营：$\pi_1-c_1<-dy+(1-y)[(1-p)\pi_1-pt]$，可知 $y<\frac{c_1-p(\pi_1+t)}{\pi_1+d-p(\pi_1+t)}$；

(iii)收益相同：$\pi_2-c_2=x\pi_2+(1-x)[(1-p)\pi_2-pm]$，可知 $y=\frac{c_1-p(\pi_1+t)}{\pi_1+d-p(\pi_1+t)}$。

(3) $\pi_1-c_1=(1-p)\pi_1-pt$ 时，即 $p=\frac{c_1}{\pi_1+t}$，政企双方有可能采用纯策略，

也有可能采用混合策略

2. 当 $\pi_2-c_2<(1-p)\pi_2-pm$，即 $p<\dfrac{c_2}{\pi_2+m}$

(1) $\pi_1-c_1>(1-p)\pi_1-pt$ 时，画线法结果见表 6.5

表 6.5 港口危化品物流企业和相关监管部门演化博弈收益矩阵

企业	相关监管部门	
	严格监管	宽松监管
守法经营	π_1-c_1，π_2-c_2	π_1-c_1，π_2
非法经营	$-d$，π_2-c_2	$(1-p)\pi_1-pt$，$(1-p)\pi_2-pm$

港口危化品物流风险监管中政企双方采取纯策略：相关监管部门和危化品物流企业的策略选择为{宽松监管，守法经营}。由 $\pi_1-c_1>(1-p)\pi_1-pt$ 可知，$p>\dfrac{c_1}{\pi_1+t}$。

(2) $\pi_1-c_1<(1-p)\pi_1-pt$ 时，画线法结果见表 6.6

表 6.6 港口危化品物流企业和相关监管部门演化博弈收益矩阵

企业	相关监管部门	
	严格监管	宽松监管
守法经营	π_1-c_1，π_2-c_2	π_1-c_1，π_2
非法经营	$-d$，π_2-c_2	$(1-p)\pi_1-pt$，$(1-p)\pi_2-pm$

港口危化品物流风险监管中政企双方采取纯策略：相关监管部门和危化品物流企业的策略选择为{宽松监管，非法经营}。由 $\pi_1-c_1<(1-p)\pi_1-pt$ 可知，$p<\dfrac{c_1}{\pi_1+t}$。

(3) $\pi_1-c_1=(1-p)\pi_1-pt$ 时，即 $p=\dfrac{c_2}{\pi_2+m}$，政企双方采取纯策略

根据复制者动态思想，港口危化品物流企业选择守法经营策略时的期望收益 u_1、选择非法经营策略时的期望收益 u_2 以及平均期望 $\overline{u_{12}}$ 分别为：

$$u_1=y(\pi_1-c_1)+(1-y)(\pi_1-c_1) \tag{6.1}$$

$$u_2=y(-d)+(1-y)[(1-p)\pi_1-pt] \tag{6.2}$$

$$\overline{u_{12}}=xu_1+(1-x)u_2 \tag{6.3}$$

港口危化品物流企业的演化博弈动态微分方程为：

$$\frac{\mathrm{d}x}{\mathrm{d}t}=F(x,\ y)=x(u_1-u_0)=x(1-x)y[\pi_1+d-p(\pi_1+t)]-[c_1+p(\pi_1+t)] \tag{6.4}$$

相关监管部门在港口危化品物流风险监管中，采取严格监管获得的期望收益 u_3、采用宽松监管获得的期望收益 u_4、平均期望收益 $\overline{u_{34}}$ 分别为：

$$u_3=x(\pi_2-c_2)+(1-x)(\pi_2-c_2) \tag{6.5}$$

$$u_4=x\pi_2+(1-x)[(1-p)\pi_2-pm] \tag{6.6}$$

$$\overline{u_{34}}=yu_3+(1-y)u_4 \tag{6.7}$$

相关监管部门的演化博弈动态微分方程为：

$$\frac{\mathrm{d}y}{\mathrm{d}t}=G(x,\ y)=y(1-y)[-px(\pi_2+m)-c_2+p(\pi_2+m)] \tag{6.8}$$

基于微分方程稳定性分析，存在某一点处于稳定状态，当选择策略恰好处于这一点时，则该策略是稳定策略，且需要满足一定条件。也就是港口危化品物流企业选择守法经营的概率 x 和相关监管部门选择严格监管的概率 y 满足条件：$\frac{\mathrm{d}x}{\mathrm{d}t}=F(x,\ y)=0$，$\frac{\partial F(x,\ y)}{\partial x}<0$ 且 $\frac{\mathrm{d}y}{\mathrm{d}t}=G(x,\ y)=0$，$\frac{\partial G(x,\ y)}{\partial y}<0$。

6.3 演化稳定策略分析

现有文献利用微分方程稳定性分析策略稳定演化，大都采用雅可比矩阵法和复制动态相位图。[167]鉴于雅可比矩阵法的复杂性和复制动态相位图的抽象性，本书利用数轴法分析演化策略稳定性。依据安全事故发生概率，将危化品物流风险分级为高、中、低级。结合数轴分析法研究港口危化品物流企业和相关监管部门的演化策略稳定性，考虑港口危化品物流企业和相关监管部门的混合策略博弈，揭示港口危化品物流风险监管中存在的问题。

6.3.1 港口危化品物流企业演化稳定策略分析

根据稳定性定理，对港口危化品物流企业的演化博弈动态微分方程 $\frac{\mathrm{d}x}{\mathrm{d}t}=F(x, y)$ 求关于守法经营概率 x 的一阶偏导得：

$$\frac{\partial F(x, y)}{\partial x}=(1-2x)\{y[\pi_1+d-p(\pi_1+t)]-c_1+p(\pi_1+t)\} \tag{6.9}$$

由式(6.9)可知：若 $y=\frac{c_1-p(\pi_1+t)}{\pi_1+d-p(\pi_1+t)}$，得 $F(x, y)=0$，即合理范围内任意 x 都为稳定状态；若 $y\neq\frac{c_1-p(\pi_1+t)}{\pi_1+d-p(\pi_1+t)}$，则当 $x=0$ 和 $x=1$ 时为稳定状态。可见港口危化品物流企业的演化稳定点受到相关监管部门选择严格监管策略的概率 y 影响，因此港口危化品物流企业的策略稳定演化需要基于 y 的大小进行讨论。

(1) $\frac{c_1-p(\pi_1+t)}{\pi_1+d-p(\pi_1+t)}<0$ 时，若 $\pi_1+d-p(\pi_1+t)>0$，则 $c_1-p(\pi_1+t)<0$，得 $p\in(\frac{c_1}{\pi_1+t}, \frac{\pi_1+d}{\pi_1+t})$，符合假设 $\pi_1>c_1$；若 $\pi_1+d-p(\pi_1+t)<0$，则 $c_1-p(\pi_1+t)>0$，得 $p\in(\frac{\pi_1+d}{\pi_1+t}, \frac{c_1}{\pi_1+t})$，不符合假设 $\pi_1>c_1$，此情况不存在。因此 $p\in(\frac{c_1}{\pi_1+t}, \frac{\pi_1+d}{\pi_1+t})$ 时，当 $x=1$，总有 $\frac{\partial F(x, y)}{\partial x}<0$，说明 $x=1$ 为稳定状态。

(2) $0<\frac{c_1-p(\pi_1+t)}{\pi_1+d-p(\pi_1+t)}<1$ 时，若 $\pi_1+d-p(\pi_1+t)>0$，得 $\begin{cases}c_1-p(\pi_1+t)>0\\c_1<\pi_1+d\end{cases}$，符合假设 $\pi_1>c_1$，则 $p\in(0, \frac{c_1}{\pi_1+t})$；若 $\pi_1+d-p(\pi_1+t)<0$，得 $\begin{cases}c_1-p(\pi_1+t)<0\\c_1>\pi_1+d\end{cases}$，不符合假设 $\pi_1>c_1$，此情况不存在。因此 $p\in(0, \frac{c_1}{\pi_1+t})$

时，当 $y>\frac{c_1-p(\pi_1+t)}{\pi_1+d-p(\pi_1+t)}$，则有 $x=1$，总有 $\frac{\partial F(x, y)}{\partial x}<0$，因此 $x=1$ 为稳定状态；若 $y<\frac{c_1-p(\pi_1+t)}{\pi_1+d-p(\pi_1+t)}$，则有 $x=0$，总有 $\frac{\partial F(x, y)}{\partial x}<0$，因此 $x=0$ 为稳定状态。

（3）$\frac{c_1-p(\pi_1+t)}{\pi_1+d-p(\pi_1+t)}>1$ 时，若 $\pi_1+d-p(\pi_1+t)>0$，则 $c_1>\pi_1+d$，不符合假设 $\pi_1>c_1$，此情况不存在；若 $\pi_1+d-p(\pi_1+t)<0$，则 $c_1<\pi_1+d$，符合假设 $\pi_1>c_1$，得 $p\in(\frac{\pi_1+d}{\pi_1+t}, 1)$。因此 $p\in(\frac{\pi_1+d}{\pi_1+t}, 1)$ 时，则有 $x=1$，总有 $\frac{\partial F(x, y)}{\partial x}<0$，说明 $x=1$ 为稳定状态。

结论 1：对于港口危化品物流企业而言，当事故发生率小于某一值，且港口危化品物流相关监管部门选择严格监管策略的概率满足一定条件时，港口危化品物流企业才会选择守法经营策略；相关监管部门选择严格监管策略的概率小于某一值时，港口危化品物流企业会选择非法经营策略。当事故发生概率大于某一值时，不管相关监管部门选择何种策略，港口危化品物流企业都会选择守法经营策略。

6.3.2 政府部门演化稳定策略分析

根据稳定性定理，对相关监管部门的演化博弈动态微分方程 $G(x, y)$ 求关于严格监管概率 y 的一阶偏导数得：

$$\frac{\partial G(x, y)}{\partial y}=(1-2y)[-px(\pi_2+m)-c_2+p(\pi_2+m)] \tag{6.10}$$

若 $x=\frac{p(\pi_2+m)-c_2}{p(\pi_2+m)}$，得 $G(x, y)=0$，即合理范围内任意 y 都为稳定状态；若 $x\neq\frac{p(\pi_2+m)-c_2}{p(\pi_2+m)}$，只有 $y=0$ 和 $y=1$ 是稳定状态。可见相关监管部门的策略演化稳定点受到港口危化品物流企业选择守法经营策略的概率 x 影响。因此相关监管部门策略稳定演化需要确定 x 的大小，分以下情况讨论。

(1)$\frac{p(\pi_2+m)-c_2}{p(\pi_2+m)}<0$ 时，$p\in(0,\ \frac{c_2}{\pi_2+m})$，则有 $y=0$，总有 $\frac{\partial G(x,\ y)}{\partial y}<0$，因此 $y=0$ 为稳定状态。

(2)$0<\frac{p(\pi_2+m)-c_2}{p(\pi_2+m)}<1$ 时，$p\in(\frac{c_2}{\pi_2+m},\ 1)$，当 $x>\frac{p(\pi_2+m)-c_2}{p(\pi_2+m)}$，则有 $y=0$，总有 $\frac{\partial G(x,\ y)}{\partial y}<0$，因此 $y=0$ 为稳定状态；当 $x<\frac{p(\pi_2+m)-c_2}{p(\pi_2+m)}$，则有 $y=1$，总有 $\frac{\partial G(x,\ y)}{\partial y}<0$，因此 $y=1$ 为稳定状态。

(3)$\frac{p(\pi_2+m)-c_2}{p(\pi_2+m)}>1$ 时，$-c_2>0$，这种情况不可能存在。

结论 2：对于相关监管部门而言，事故发生概率小于一定值时，不管港口危化品物流企业选择何种策略，相关监管部门都会选择宽松监管策略。事故发生概率大于某一值时，港口危化品物流企业选择守法经营策略的概率大于一定值时，相关监管部门会选择宽松监管；港口危化品物流企业选择守法经营策略的概率小于某一值时，相关监管部门会选择严格监管策略。

6.3.3 考虑风险大小的演化稳定策略分析

对于港口危化品物流企业来说，它的演化稳定策略有以下几种情况：$p\in(0,\ \frac{c_1}{\pi_1+t})$时，当 $y>\frac{c_1-p(\pi_1+t)}{\pi_1+d-p(\pi_1+t)}$，$x=1$；当 $y<\frac{c_1-p(\pi_1+t)}{\pi_1+d-p(\pi_1+t)}$，$x=0$。$p\in(\frac{c_1}{\pi_1+t},\ 1)$时，$y=\frac{c_1-p(\pi_1+t)}{\pi_1+d-p(\pi_1+t)}$，$x$ 任意变化。对于相关监管部门，其策略演化：$p\in(0,\ \frac{c_2}{\pi_2+m})$时，$y=0$。$p\in(\frac{c_2}{\pi_2+m},\ 1)$时，当 $x>\frac{p(\pi_2+m)-c_2}{p(\pi_2+m)}$，$y=0$；当 $x<\frac{p(\pi_2+m)-c_2}{p(\pi_2+m)}$，$y=1$。$x=\frac{p(\pi_2+m)-c_2}{p(\pi_2+m)}$时，$y$ 任意变化。

因此，事故发生的概率 p 在(0，1)数轴上被两个点 $p=\frac{c_1}{\pi_1+t}$和 $p=\frac{c_2}{\pi_2+m}$

划分成三段，表示三种风险级别，体现了港口危化品物流企业和政府监管部门各自的稳定演化策略，得出不同风险等级下政企的稳定演化策略。政企双方演化策略图中阴影部分为港口危化品物流企业的演化策略，$x_0=\frac{p(\pi_2+m)-c_2}{p(\pi_2+m)}$，$y_0=\frac{c_1-p(\pi_1+t)}{\pi_1+d-p(\pi_1+t)}$，分以下两种情形进行讨论。

情形1：当$0<\frac{c_2}{\pi_2+m}<\frac{c_1}{\pi_1+t}<1$时，相关监管部门和港口危化品物流企业稳定演化策略如图6.1所示。

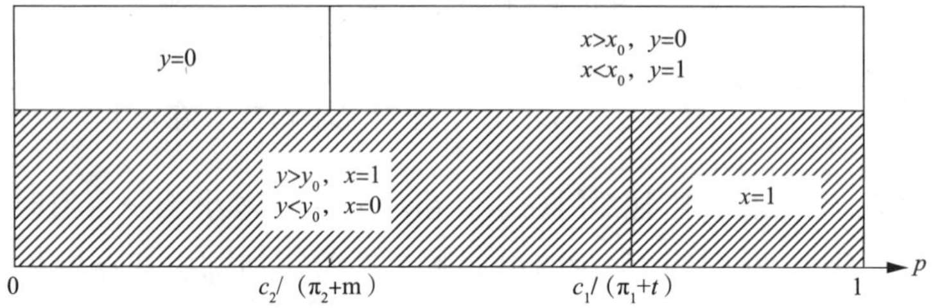

图6.1　情形1中政企双方的演化策略

由图6.1可知，当$p\in(0, \frac{c_2}{\pi_2+m})$，港口危化品物流企业的策略选择根据相关监管部门选择严格监管策略的概率而定，即$y>y_0$，$x=1$或$y<y_0$，$x=0$，此时相关监管部门的策略为宽松监管，即$y=0$，$y_0>0$。由此得出相关监管部门选择宽松监管策略，而港口危化品物流企业选择非法经营策略，即政企双方的策略选择为$x=0$，$y=0$。$p\in(\frac{c_2}{\pi_2+m}, \frac{c_1}{\pi_1+t})$，港口危化品物流企业的策略选择依旧根据相关监管部门的策略选择概率而定，即$y>y_0$，$x=1$或$y<y_0$，$x=0$；而相关监管部门的策略选择也根据港口危化品物流企业的策略选择概率而定，即$x>x_0$，$y=0$或$x<x_0$，$y=1$。假设港口危化品物流企业选择守法经营策略，即$x=1$，相关监管部门会因港口危化品物流企业选择守法经营策略而选择宽松策略，即$y=0$。但是相关监管部门采取宽松政策，港口危化品物流企业又会调整选择非法经营策略，由此得出政企双方的策略为不断调整循环往复的。$p\in(\frac{c_1}{\pi_1+t}, 1)$，港口危化品物流企业

选择守法经营策略，即 $x=1>x_0$，相关监管部门的策略根据港口危化品物流企业的策略选择概率而定，即 $x>x_0$，$y=0$ 或 $x<x_0$，$y=1$。由此得出港口危化品物流企业选择守法经营策略，相关监管部门则选择宽松策略，即 $x=1$，$y=0$。

情形 2：当 $0<\frac{c_1}{\pi_1+t}<\frac{c_2}{\pi_2+m}<1$ 时，相关监管部门和港口危化品物流企业稳定演化策略如图 6.2 所示。

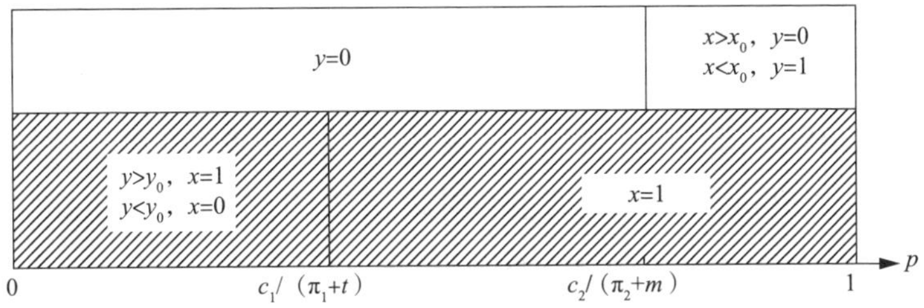

图 6.2　情形 2 中政企双方的演化策略

由图 6.2 可知，当 $p\in(0,\frac{c_1}{\pi_1+t})$，港口危化品物流企业的策略选择会因相关监管部门选择严格监管策略的概率而变化，即 $y>y_0$，$x=1$ 或 $y<y_0$，$x=0$。相关监管部门选择宽松监管策略，即 $y=0<y_0$，港口危化品物流企业的策略选择为非法经营，即 $x=0$，$y=0$。$p\in(\frac{c_1}{\pi_1+t},\frac{c_2}{\pi_2+m})$，港口危化品物流企业的策略选择为守法经营，即 $x=1$，此时相关监管部门的策略选择为宽松监管，即 $y=0<y_0$，港口危化品物流企业的策略选择为守法经营，即 $x=1$，$y=0$。$p\in(\frac{c_2}{\pi_2+m},1)$，港口危化品物流企业的策略选择为守法经营，即 $x=1$，此时相关监管部门的策略选择会因港口危化品物流企业的策略选择而定，即 $x>x_0$，$y=0$ 或 $x<x_0$，$y=1$。若港口危化品物流企业选择的策略为守法经营，则相关监管部门选择的策略为宽松监管，即 $x=1$，$y=0$。

结论 3：港口危化品物流处于低风险时，港口危化品物流企业选择非法经营策略，此时相关监管部门采取宽松监管策略。当港口危化品物流处于中级风险时，相关监管部门会加大监管力度，但不足以使港口危化品物流企业向守法经营策略演化时，政企双方的策略演化是无限循环、不固定的；当风险变大足以使港口危化品物流企业向守法经营策略演化，但不足以使相关监管部门改变监督力度时，港口危化品物流企业会选择守法经营策略，而相关监管部门则选择宽松监管策略。港口危化品物流处于高级风险时，港口危化品物流企业会自觉守法经营，而相关监管部门会采取宽松监管策略。

6.3.4 演化博弈模型下的“监管悖论”

基于政企双方演化博弈模型，发现风险大小对演化博弈的结果产生影响，并进一步分析其他参数是否也会对政企双方博弈结果产生影响，讨论相关监管部门对港口危化品物流企业非法经营的罚款 d、相关监管部门的形象损失 m 等参数对演化博弈模型的影响。

当 $y=\dfrac{c_1-p(\pi_1+t)}{\pi_1+d-p(\pi_1+t)}=y_0$，得 $F(x,\ y)=0$，取值范围内的任意 x 都为稳定状态。即 $y=\dfrac{c_1-p(\pi_1+t)}{\pi_1+d-p(\pi_1+t)}$时，港口危化品物流企业选择守法经营和非法经营策略的收益是相等的。当相关监管部门选择宽松监管策略时，港口危化品物流企业的非法经营收益为$(1-p)\pi_1-pt$；相关监管部门选择严格监管策略时，港口危化品物流企业的非法经营收益为$-d$。随着相关监管部门对港口危化品物流企业非法经营的罚款 d 增大，$1-y_0$ 增大，变为$(1-y_0)'$，相关监管部门对港口危化品物流企业采取混合策略的影响如图 6.3 所示。若 $x=\dfrac{p(\pi_2+m)-c_2}{p(\pi_2+m)}$，得 $G(x,\ y)=0$，取值范围内的任意 y 都为稳定状态。即 $x=\dfrac{p(\pi_2+m)-c_2}{p(\pi_2+m)}$时，港口危化品物流企业选择守法经营和非法经营策略的收益相等。当港口危化品物流企业选择非法经营策略时，相关监管部门选择宽松监管策略的收益为$(1-p)\pi_2-pm$，港口危化品物流企业选择守法经营策略时，相关监管部门选择宽松监管策略的收益为 π_2。随着相关监管部门的形象损失 m 增大，$1-x_0$ 减小，变为$(1-x_0)'$，相关监管部门的形象损失 m 对于港口危化品物流企业采取混合策略的影响如图 6.4 所示。

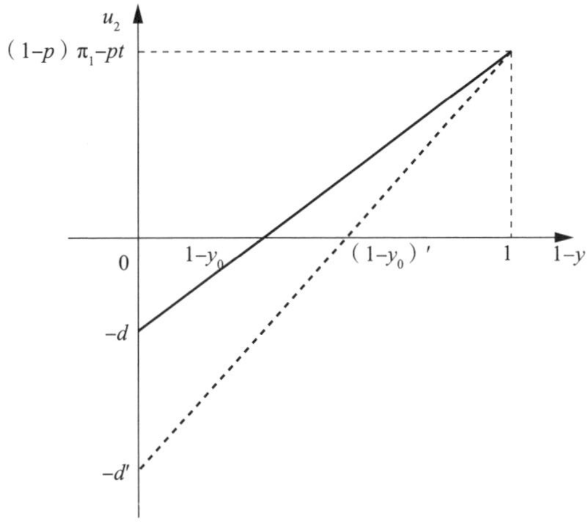

图 6.3　相关监管部门的混合策略

如图 6.3 所示，相关监管部门加大对港口危化品物流企业违规违法行为的惩罚，即由$-d$ 变$-d'$。在相关监管部门策略不变的情况下，港口危化品物流企业的收益则为负数，此时港口危化品物流企业会选择守法经营策略。但从长期来看，相关监管部门不可能始终处于严格监管状态。当相关监管部门监管力度变小时，政企双方的博弈达到新的平衡状态，从$1-y_0$到$(1-y_0)'$，此时港口危化品物流企业非法经营的概率增大。

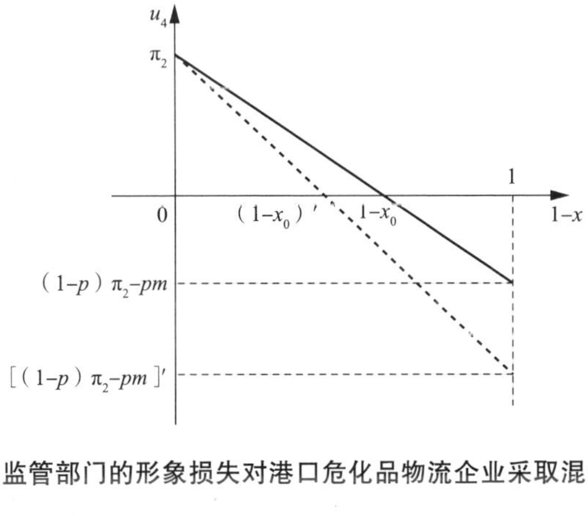

图 6.4　相关监管部门的形象损失对港口危化品物流企业采取混合策略的影响

如图 6.4 所示，如果要降低港口危化品物流企业选择非法经营策略的概率，社会及媒体等就应强化对相关监管部门的关注，对其实行问责制，使得$(1-p)\pi_2-pm$ 变为$[(1-p)\pi_2-pm]'$，相关监管部门的收益为负数。为了提高信誉和可信度，相关监管部门会采取严格监管措施，实现强有力监管。从长期来看，港口危化品物流企业守法经营的概率会增大，非法经营的概率会变小并由 $1-x_0$ 降低到$(1-x_0)'$。

结论 4：加大对港口危化品物流企业违规违法行为的处罚，在短期内可以让港口危化品物流企业守法经营。但从长期来看，并不能有效遏制港口危化品物流企业的违规违法行为。相关监管部门加大处罚力度，在短期内会严格监管，港口危化品物流企业非法经营的概率减小。但从长期来看，一旦相关监管部门采取宽松监管策略，港口危化品物流企业非法经营的概率会增大。

一般认为加大对港口危化品物流企业非法经营的惩罚，可以降低港口危化品物流企业非法经营的概率。但演化博弈模型的推导结论与此相悖，处罚并非越重越好。严格的监管不一定能减少港口危化品物流企业的违法行为。该结论揭示了港口危化品物流风险管理中存在“监管悖论”现象。

6.4 演化模型仿真分析

6.4.1 演化模型参数设置

为了更好地分析政企双方策略选择的变化，利用 MATLAB 进行策略仿真分析，重点研究事故发生率和事故损失等因素对演化博弈模型的影响，对模型进行适当简化。基于上述分析可知，相关监管部门的收益对演化博弈模型影响较小，因此将相关监管部门严格监管的收益 π_2-c_2 简化为$-c_2$、宽松监管的收益 π_2 简化为 0。构建简化的港口危化品相关监管部门和港口危化品物流企业之间的演化博弈模型（如表 6.7 所示），并进行仿真分析。模型假设如下：①有两个有限理性的局中人港口危化品物流企业和和相关监管部门；②博弈模型为非对称博弈；③模型中局中人的信息不完全。

表6.7　港口危化品物流企业和相关监管部门演化博弈收益矩阵

企业	相关监管部门	
	严格监管	宽松监管
守法经营	π_1-c_1，$-c_2$	π_1-c_1，0
非法经营	π_1-pt-d，$d-c_2$	π_1-pt，$-p\pi_2$

在此博弈模型中，危化品物流企业的设施和工人安全投入为 $c_1(\pi_1>c_1)$，港口危化品物流企业的正常经营收入为 π_1，港口危化品物流企业非法经营的罚款为 d；相关监管部门严格监管付出的成本为 c_2，发生事故给监管部门带来的负面声誉为 π_2，事故发生概率为 p，事故发生造成的损失为 t。假设港口危化品物流企业重视经营安全问题，守法经营的概率为 x，那么非法经营的概率为 $1-x$；相关监管部门对港口危化品物流企业严格监管的概率为 y，则宽松监管的概率为 $1-y$。

港口危化品物流企业选择守法经营的期望收益为：

$$u_{A1}=y(\pi_1-c_1)+(1-y)(\pi_1-c_1) \tag{6.11}$$

港口危化品物流企业选择非法经营的期望收益为：

$$u_{A2}=\pi_1-pt-dy \tag{6.12}$$

港口危化品物流企业选择守法经营和非法经营的平均期望收益为：

$$\overline{U}_A=xu_{A1}+(1-x)u_{A2} \tag{6.13}$$

港口危化品物流企业选择守法经营的复制动态过程为：

$$\frac{\mathrm{d}x}{\mathrm{d}t}=F(x,\ y)=x(1-x)(dy+pt-c_1) \tag{6.14}$$

相关监管部门选择严格监管的期望收益为：

$$u_{B1}=-c_2x+(1-x)(d-c_2) \tag{6.15}$$

相关监管部门选择宽松监管的期望收益为：

$$u_{B2}=-p\pi_2(1-x) \tag{6.16}$$

相关监管部门选择严格监管和宽松监管的平均期望收益为：

$$\overline{U}_B=yu_{B1}+(1-y)u_{B2} \tag{6.17}$$

相关监管部门选择严格监管的复制动态过程为：

$$\frac{\mathrm{d}y}{\mathrm{d}t}=H(x,\ y)=x(1-x)(dy+pt-c_1) \tag{6.18}$$

根据以上分析，系统的雅可比矩阵 $\boldsymbol{J}$ 为：

$$\boldsymbol{J}=\begin{pmatrix} (1-2x)(dy+pt-c_1) & dx(1-x) \\ -(d+p\pi_2)y(1-y) & (1-2y)\begin{bmatrix}-(d+p\pi_2)x \\ +d-c_2+p\pi_2\end{bmatrix} \end{pmatrix} \tag{6.19}$$

矩阵 $\boldsymbol{J}$ 的行列式为：

$$\begin{aligned} tr\boldsymbol{J}=&(1-2x)(dy+pt-c_1)(1-2y)\cdot \\ &[-(d+p\pi_2)x+d-c_2+p\pi_2] \end{aligned} \tag{6.20}$$

根据微分方程稳定性定理，对较小的干扰因素，演化稳定策略不会发生变化，具有稳定性，$F(x,\ y)$的导数必须小于0，即矩阵 $\boldsymbol{J}$ 的行列式大于0，矩阵 $\boldsymbol{J}$ 小于0。令 $F(x,\ y)=0$，同时 $H(x,\ y)=0$，求得系统的5个平衡点，分别为(0，0)，(0，1)，(1，0)，(1，1)，$(x_0,\ y_0)$，$x_0=\frac{d+p\pi_2-c_2}{d+p\pi_2}$，$y_0=\frac{c_1-pt}{d}$。对于港口危化品物流企业，若 $y=y_0$，则$F(x,\ y)\equiv 0$，此时所有的 x 都是稳定状态；若 $y\neq y_0$，则 $x=0$ 和 $x=1$ 是两个稳定状态。对于相关监管部门，若 $x=x_0$，则 $H(x,\ y)=0$，此时所有的 y 都是稳定状态；若 $x\neq x_0$，则 $y=0$ 和 $y=1$ 是两个稳定状态。通过分析各平衡点的行列式和矩阵 $\boldsymbol{J}$ 的符号，给出不同情况下相关监管部门和港口危化品物流企业的演化稳定策略。

情况1：当 $pt-c_1>0$ 且 $d-c_2+p\pi_2>0$ 时，稳定点为(1，0)，即(守法经营，宽松监管)。

情况2：当 $pt-c_1>0$ 且 $d-c_2+p\pi_2<0$ 时，稳定点为(1，0)，即(守法经营，宽松监管)。

情况3：当 $pt-c_1<0$ 且 $d-c_2+p\pi_2>0$，$d+pt-c_1>0$ 时，系统没有稳定点，可得该情况下没有稳定策略。

情况4：当 $pt-c_1<0$ 且 $d-c_2+p\pi_2>0$，$d+pt-c_1<0$ 时，稳定点为(0，1)，即(非法经营，严格监管)。

情况5：当 $pt-c_1<0$ 且 $d-c_2+p\pi_2<0$，$d+pt-c_1>0$ 时，稳定点为(0，0)，即(非法经营，宽松监管)。

情况6：当 $pt-c_1<0$ 且 $d-c_2+p\pi_2<0$，$d+pt-c_1<0$ 时，稳定点为(0，0)，即(非法经营，宽松监管)。

根据以上分析结果，设置不同情况下的参数，并对其进行仿真分析。基于 MATLAB 软件，港口危化品物流企业守法经营的概率 x 分别为 0.1、0.3、0.7 和 0.9，设置不同情况的参数，如表 6.8 所示。

表 6.8　演化博弈仿真参数设置

情况	c_1	d	c_2	π_2	t	p	y
情况 1	100	500	200	300	1 000	0.6	0.2
情况 2	100	100	300	200	1 000	0.6	0.2
情况 3	350	150	200	200	600	0.3	1
情况 4	200	100	300	200	600	0.3	0.2

下文将根据不同条件的演化仿真，研究其策略演化规律。

6.4.2　演化稳定策略的仿真分析

根据演化模型对危化品物流企业和相关监管机构双方策略进行分析，探讨危化品物流企业策略的选择和相关监管部门策略选择之间的关系，采用数值仿真观察双方行为的演化机制。基于 MATLAB 软件，对相关监管部门和港口危化品物流企业间的演化策略进行仿真，演化结果如图 6.5 和图 6.6 所示。

如图 6.5 所示，在情况 1 下港口危化品物流企业守法经营的概率 x 取值分别为 0.1、0.3、0.5、0.7 和 0.9，相关监管部门采取严格监管的概率 y 为 0.2。在这一过程中，港口危化品物流企业守法经营的概率从 0.1 到 0.9，演化结果向 1 趋近，也就是说当相关监管部门采取宽松监管的概率较大时，无论港口危化品物流企业开始采取何种策略，演化博弈结果显示其最终将趋向于守法经营。但要达到这种状态，需要满足的条件是事故发生造成的损失大于企业设施和工人安全保障投入，同时企业非法经营被监管

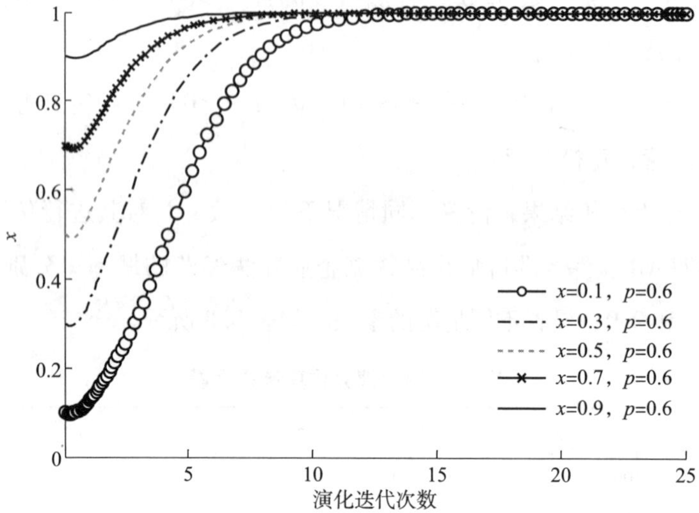

图 6.5　情况 1 和情况 2 下港口危化品物流企业守法经营策略演化

部门罚款以及发生事故给相关监管部门带来的负面影响之和大于相关监管部门的监管成本。博弈演化结果趋向于企业守法经营，相关监管部门采取宽松监管策略。

在情况 2 下，仿真结果与情况 1 一致，相关监管部门严格监管概率仍为 0.2。改变其他参数设置如表 6.8 所示，博弈演化结果政企双方的策略选择仍为宽松监管和守法经营，说明企业守法经营的投入成本和事故发生的损失之间的关系对演化结果产生了影响。

在情况 3 和情况 4 下，改变参数设置如表 6.8 所示。

如图 6.6 所示，情况 3 下事故发生造成的损失小于企业设施和工人安全保障投入，同时企业非法经营被监管部门罚款以及发生事故给相关监管部门带来的负面影响之和大于相关监管部门的监管成本，企业非法经营被监管部门罚款以及发生事故给企业带来的损失之和小于企业投入的安全成本。演化结果显示港口危化品物流企业守法经营的概率从不同初始值趋向于 0。最终政企双方博弈结果为政企双方分别采取严格监管和非法经营策略。

在情况 4 下，改变参数设置如表 6.8 所示，仿真结果与情况 3 一致，

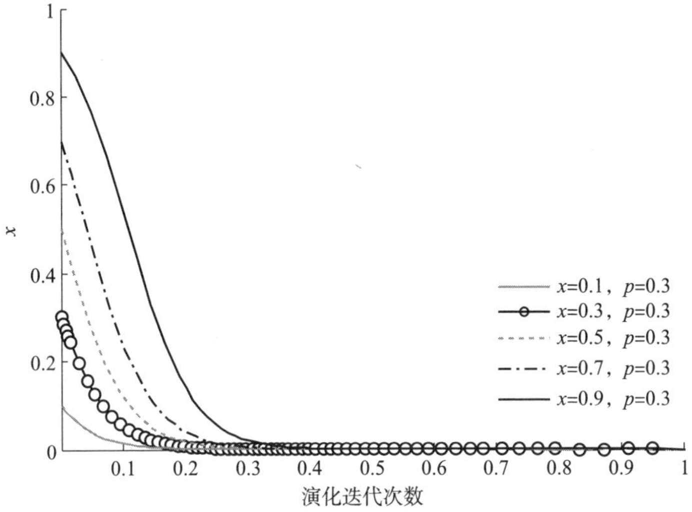

图 6.6　情况 3 和情况 4 下港口危化品物流企业守法经营策略演化

如图 6.6 所示。在这个过程中，需满足的条件是：事故发生造成的损失小于企业设施和工人安全保障投入，同时企业非法经营被监管部门罚款以及发生事故给相关监管部门带来的负面影响损失之和小于相关监管部门的监管成本。演化博弈最终结果为政企双方分别采取宽松监管、非法经营策略。该情况下的演化结果不是理想状态，要使演化向理想的状态发展，需要满足相应条件。

一般认为收入增加企业会增加安全投入，但仿真结果表明，在港口危化品监管过程中，港口危化品物流企业是否采取守法经营策略与其经营收入无关，而与其守法经营的成本和事故发生造成的损失关系密切；相关监管部门是否采取严格监管策略，与其投入的监管成本和事故发生造成的损失以及对危化品物流企业非法经营的处罚相关。这与基于演化博弈模型分析得到的结论 1 和结论 2 一致。

6.4.3　考虑不同监管力度和事故发生率的模型仿真

为研究相关监管部门监管严格与否和事故发生概率的大小对其策略选择的影响，参数设置如表 6.9 所示。

表 6.9 考虑不同监管力度和事故发生率时的参数设置

情况	c_1	d	c_2	π_2	t	p	y
情况 1	2	4	1	2	5	0.2	0.2
情况 2	2	4	1	2	5	0.4	0.2
情况 5	2	4	1	2	5	0.8	0.2
情况 3	2	4	1	2	5	0.2	0.8
情况 4	2	4	1	2	5	0.4	0.8
情况 6	2	4	1	2	5	0.8	0.8

如表 6.9 所示，情况 1 至情况 6 分别是不同条件下的参数设置。基于 MATLAB 软件，对相关监管部门和港口危化品物流企业的演化策略进行仿真，仿真结果如图 6.7、图 6.8 和图 6.9 所示。

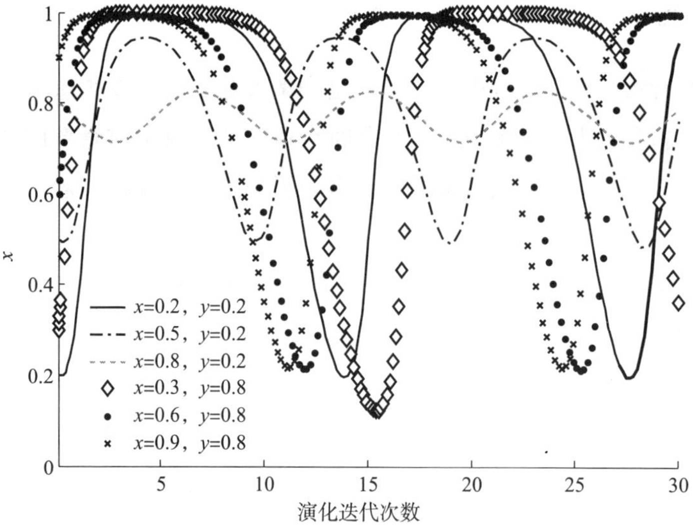

图 6.7 $p=0.2$ 时港口危化品物流企业守法经营策略演化

当事故发生概率为 0.2，相关监管部门采取严格监督检查的概率 y 为 0.2 时，x 为 0.2、0.5 和 0.8，企业守法经营的概率在 0~1 波动；当 y 增大至 0.8 时，x 为 0.3、0.6 和 0.9，企业守法经营的概率呈现先上升、后波动的趋势。即企业开始加大投入确保守法经营，随着时间的推移，企业守法经营的概率逐渐达到 1。但随着双方博弈继续，企业选择守法经营的概率呈现波动状态。这表明相关监管部门严格监督检查的概率增加时，企业为免受惩罚，会在短时间内增加守法经营和人员培训投入，以应对相关监管部门的严格监管。

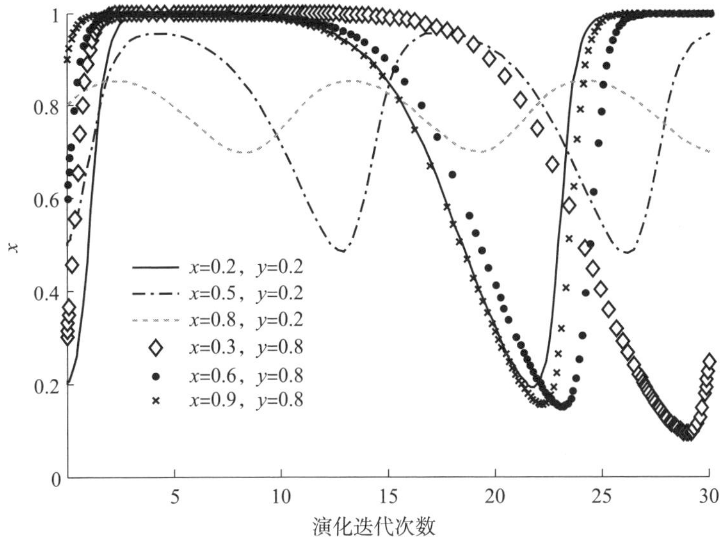

图 6.8 $p=0.4$ 时港口危化品物流企业守法经营策略演化

如图 6.8 所示，当事故发生概率为 0.4，相关监管部门采取严格监管的概率 y 为 0.2 时，x 为 0.2、0.5 和 0.8，企业采取守法经营策略的概率在 0~1 波动，与事故发生概率为 0.2 时相比，企业守法经营的概率在演化迭代 10 次之前有所上升，但后期仍呈现波动状态；当 y 增加至 0.8 时，x 为 0.3、0.6 和 0.9，企业守法经营的概率在一段时间内趋于 1。这段时间企业会增加守法经营投入和人员培训以应对相关监管部门的监管，时间比 y 为0.2 时更长，但后期企业仍会转向非法经营。这表明相关监管部门严格监督检查的概率和事故发生概率增大时，企业为减少罚款和损失，在一定时间内采取守法经营策略应对监管风险。

如图 6.9 所示，当危化品事故发生概率上升至 0.8 时，无论相关监管部门采取严格监管的概率为 0.2 还是 0.8，随着时间的推移，港口危化品物流企业选择重视安全问题，使生产环境处于安全状态，以减少事故发生。这说明当事故发生率较高时，无论相关监管部门严格监管的概率大还

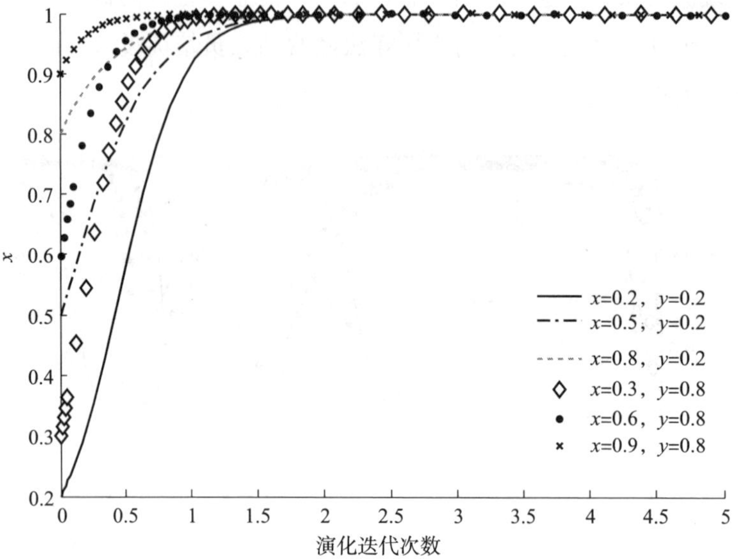

图 6.9 $p=0.8$ 时港口危化品物流企业守法经营策略演化

是小，企业都会重视安全经营，加大设施投入和人员培训等，以获得正常的经营收入。

一般认为，为使港口危化品物流企业倾向于选择安全合法经营，相关监管部门应加大监管的力度。但研究发现并非如此，相关监管部门和企业之间的博弈演化模型仿真发现存在“监管悖论”现象，仿真结果与演化博弈模型的分析结论 3 和结论 4 一致。

6.4.4 仿真结果

利用 MATLAB 软件对构建的演化博弈模型进行数值仿真，根据仿真结果得到以下结论。[182-183]

一是演化博弈模型仿真结果表明，港口危化品物流企业采取何种策略与其经营收入无关，而与事故损失和守法经营成本投入有关。当危化品物流企业发生事故造成的损失大于港口危化品物流企业守法经营重视投资的成本时，存在演化稳定策略{守法经营，宽松监管}。当危化品物流企业守法经营投资成本过高时，企业容易忽略安全问题。

模型仿真结果与演化稳定策略分析的结论1相符，事故损失大于某一值时，存在演化稳定策略{守法经营，宽松监管}。

二是我国港口危化品监管过程中，事故发生率和相关监管部门严格监管的概率对港口危化品物流企业采取的策略产生影响。当事故发生概率较高时，无论相关监管部门选择何种监管方式，企业都会守法经营。相关监管部门严格监管的概率短期内对企业的策略选择产生较大影响，长期则对企业策略选择的影响减弱。

模型仿真结果与演化稳定策略分析中的结论2、结论3相吻合，即面对较低的危化品物流风险时，满足条件事故发生概率小于某一值，不管港口危化品物流企业选择何种策略，相关监管部门都会选择宽松监管策略；当面临中度危化品物流风险时，相关监管部门在一定程度上会加大监管力度，但是不足以使港口危化品物流企业向守法策略演化，政企双方的策略演化是无限循环的，没有固定的演化策略；当面临较高的危化品物流风险时，港口危化品物流企业会自觉选择守法经营策略，因为危化品物流风险较大时发生事故的可能性很高，且损失一般较为严重。

三是演化仿真结果表明，港口危化品物流风险监管中存在"监管悖论"现象，即相关监管部门采取严格监管策略不会使企业一直采取守法经营策略。相关监管部门采取严格监管策略时，短期内港口危化品物流企业会先增加投入和人员培训，以应对相关监管部门的严格监管，但后期又会转向非法经营。

模型仿真结果与演化稳定策略分析中的结论4相同，模型仿真清楚地展示了这一现象。当相关监管部门加大对港口危化品物流企业违规违法行为的处罚时，在短期内，港口危化品物流企业有较大的概率选择守法经营；但随着时间的推移，此策略并不稳定，呈现波动状态。因此，港口危化品物流风险监管中存在"监管悖论"现象，在制定相关政策和发展规划时应加以重视。

6.5 港口危化品物流风险监管建议

6.5.1 风险监管中存在的问题

通过对政企双方演化博弈模型的构建和分析，得到三个重要结论，对港口危化品物流监管机制的设计有一定的启示作用。

一是基于政企双方策略选择的演化博弈结果，在港口危化品物流风险监管过程中，影响港口危化品物流企业和相关监管部门策略的主要因素是事故发生率、事故损失和相关监管部门严格监管付出的成本等，而与港口危化品物流企业的经营收入无关。港口危化品物流企业经营好坏，与保证港口危化品安全关系不大。因此，应着重增强港口危化品物流企业的风险意识，加强港口危化品物流企业消防安全知识演练。

二是当风险水平较高时，无论相关监管部门采取何种监管策略，港口危化品物流企业都会采取守法经营策略以确保公司正常发展。因此，港口危化品物流风险水平评估是关键。在此，可以结合多维风险评估模型，通过风险评估模型得到整体和各维度的风险水平，实时监控来自港口各物流环节的风险因素，及时获取现阶段的风险状态。通过把握整体风险，防范重大风险。当整体风险水平大于设定的某一值时，应从物理—事理—人理三个方面检查风险耦合因素，及时发现问题并改正。因此，港口危化品物流风险管理，最重要的是及时掌握风险状态和风险源，减少各个方面的风险点，才能最终有效把控港口危化品物流风险。

三是研究发现港口危化品物流风险监管中存在“监管悖论”现象。因此，单纯的处罚和一时的严格监管并不能一劳永逸，监管需要从多个角度入手，多方把控风险。建立日常监管制度，对港口危化品物流企业的日常检查是防范港口危化品物流风险的基础，必须严格执行现场安全监督检查。加强经营资质许可证审查机制，应坚决杜绝监管中的腐败问题。合理规划港口危化品作业区域。目前一些港口危化品吞吐量很大，但专业设备和专业仓储条件等不够，应着重加强危化品物流基础设施专业化设计和建设，严禁超负荷经营。加强危化品专业知识培训，组织港口危化品物流企业和相关部门人员，尤其是危化品物流一线操作人员参加危化品相关应急技能培训，增强其危化品专业认知和风险防范意识。同时，制定应急预案，并进行相关演练。在企业方面，要提高从业人员危化品安全教育和危化品应急技能，为面对危化品特殊情况做好准备。要合规合法经营，保障危化品基础设施建设安全，做好日常维护检查。要积极引入新的管理理念和设备，在理论和实践上实现双提升。

6.5.2 监管机制设计建议

监管机制的设计包含港口危化品物流监管部门和港口危化品物流企业两个主体，港口危化品物流风险监管机制设计的框架如图6.10所示。

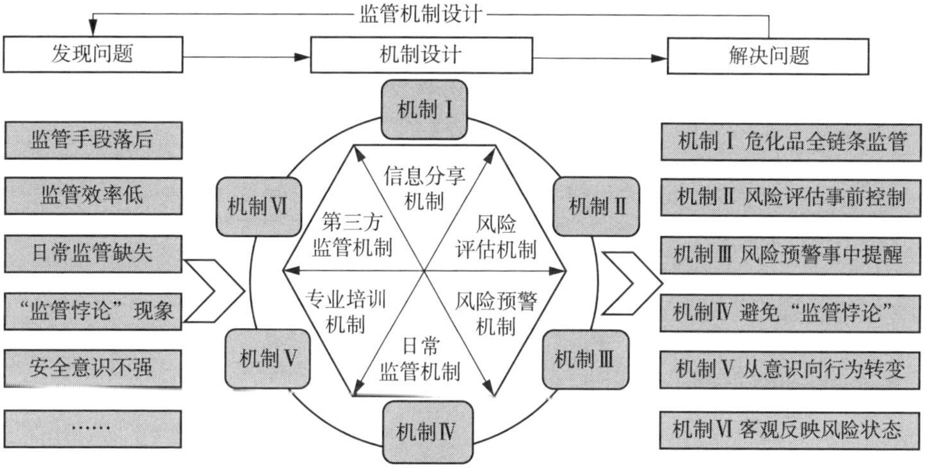

图6.10 港口危化品物流风险监管机制设计框架

由图6.10可以看出，设计监管的机制是解决问题的重要途径，基于研究发现的问题设计监管机制尤为重要。基于研究发现的港口危化品物流风险监管的现状以及问题，解决监管中存在的问题，从而降低港口危化品物流风险，从以下几个方面对监管机制的设计提出建议，完成从改变制度到改变现状的关键一步。

(1)构建基于物联网和大数据的港口危化品物流信息平台分享机制

由政企双方策略选择的演化博弈结果可以看出，监管中影响政企双方策略选择的因素主要有事故发生率和事故发生的损失，因此了解风险十分必要。无论是相关监管部门还是企业，都亟须一个完整展现危化品物流风险链条的信息平台。通过危化品溯源可以了解危化品的风险状态，包括危化品运输和存储数据信息，以及温度等信息，构建现代信息技术支持下的危化品监管信息平台。通过危化品数据信息的及时分享，为相关监管机构的监督管理和企业风险预警提供支持，且符合交通运输部提出的在智慧港口建设环节构建“危险品全链条监管”，实现危化品全链条各环节的监管。

(2) 构建基于大数据网络的多维风险评估机制

根据第 5 章构建的多维风险评估模型，从多维角度对风险进行评估，展现风险耦合的状态，为风险评估提供多维视角，有利于风险的把控。因此，通过多维风险评估，在物联网等技术的支持下，可逐步实现对港口危化品物流的事前预警、事中控制和事后处理。为此，不仅需要构建全面的港口危化品物流信息平台，还需要建立有效的风险评估机制，以达到对风险的预警，防范重大风险。基于多维度的风险评估机制可以广泛地收集风险源，并对风险耦合带来的影响进行预判，从而实现对港口危化品物流风险的有效监管。

(3) 构建风险预警监测机制，建立风险防范堡垒

基于风险评估结果，可以了解港口危化品物流风险状态分布，建立预警机制，提前发现风险早期预警信号及其变化趋势，及时对风险进行把控。建立科学、有效的安全预警机制，可以落实各方的风险责任，及时发现风险情况并改正，达到降低事故发生率的目的。

(4) 建立相关部门和港口危化品物流企业的日常监管机制

通过研究演化博弈模型发现监管中存在“监管悖论”现象，偶尔加强监管力度或加大处罚力度对港口危化品物流企业起不到有效的监管作用，因此必须加强日常监管。日常监管是预防风险的一个重要手段，只有相关监管部门和企业两者主动加强日常监管，才能降低事故发生率。港口危化品物流企业要加强自身监管，及时发现问题，并进行改正。相关监管部门日常监管尤为重要，不仅可以发现企业存在的一些问题，还可勒令企业整改，避免企业因为利益而不整改。日常监管机制可以基于日常监管的频率

或时间间隔来设计，以达到更好的监管效果。

(5)建立危化品专业知识培训机制，提高政企双方的风险防范意识

目前，不论是相关监管部门，还是港口危化品物流企业的相关工作人员，危化品的专业知识储备普遍不够。尤其是企业的相关工作人员，没有相应的专业背景，缺乏面对风险的相应技能，更重要的是安全意识淡漠，在危化品装卸等操作中存在暴力物流行为。因此，应建立相应的危化品专业知识培训机制。

(6)强化第三方监管机制，防范重大风险

第三方监管是一种重要和有效的监管手段。由于相关监管部门人力所限和企业的自利性等，第三方监管一定程度上可对风险进行把控。公正和客观的第三方监管机构可对港口危化品物流风险水平做出准确客观的判断，为相关监管部门和企业决策提供参考。

本书基于演化博弈理论，构建港口危化品物流企业与相关监管部门之间的策略选择演化博弈模型，并建立复制动态方程，给出政企双方的演化稳定策略，并进行仿真分析。考虑风险水平和监管力度等因素对双方演化博弈行为的影响，并证明演化博弈模型的结论。根据演化博弈模型结果为港口危化品物流风险监管机制的设计提供建议，进而为港口危化品物流安全发展提供支持。

6.6 本章小结

本章构建了相关监管部门和港口危化品物流企业的演化博弈模型，重点考虑风险水平对港口危化品物流风险监管的影响，引入事故发生率和事故严重程度两个参数进行深入分析，从监管的角度分析影响风险的事故发生率和事故严重程度对相关监管部门和港口危化品物流企业策略选择的影响。为分析政企双方的策略变化，利用 MATLAB 进行策略仿真分析，重点研究事故发生率和事故损失等因素对演化博弈模型的影响。

演化博弈模型和仿真结果表明，港口危化品物流企业采取何种策略与

其经营收入无关，而与事故损失和守法经营的成本投入有关。我国港口危化品监管过程中，事故发生率和相关监管部门严格监管的概率对港口危化品物流企业选择何种策略产生影响。当事故发生概率较高时，无论相关监管部门选择何种监管方式，企业都会守法经营。仿真结果表明，港口危化品物流风险监管中存在“监管悖论”现象，即相关监管部门严格监管或加大处罚力度难以使企业一直采取守法经营策略。相关监管部门采取严格监管策略时，短期内港口危化品物流企业会增加投入、强化人员培训，以应对相关监管部门的严格监管，但后期又会转向非法经营。

通过对政企双方策略选择的演化博弈模型的构建和分析，得出三个重要结论，并进行归纳总结，结合研究结论和我国港口的发展现状，为港口危化品物流风险监管机制设计提供相关建议。

第 7 章

结论与展望

7.1 结论

本书通过对港口危化品物流风险特点进行分析，发现影响港口危化品物流风险的因素众多，相互影响，且风险影响因素常耦合发生。因此，如何识别影响因素，并对耦合风险进行刻画是研究的重点。为此，本书构建改进 CBP-DEMATEL 模型，结合上海港等 15 个港口的数据进行分析，识别了影响港口危化品物流风险的关键因素。基于识别的关键风险影响因素，构建港口危化品物流多维风险评估模型，并通过对耦合风险进行刻画，得到 15 个港口多维风险情景下的风险水平。通过构建政府和企业之间策略选择的演化博弈模型，进一步引入影响风险水平的事故发生率和后果严重程度等参数分析其对监管的影响，刻画不同风险水平等因素对政府和企业演化博弈的影响，为风险监管提出建议。本书为我国港口危化品物流风险评估与管理提供了参考依据，主要有以下 3 个方面的创新：

(1)构建了识别港口危化品物流风险关键影响因素的 CBP-DEMATEL 模型

不同因素对风险的影响程度不同，利用聚类分析法(Clustering Algorithm，CA)和 BP(Back Propagation)神经网络改进传统决策试验与评价方法(DEMATEL)，构建港口危化品物流风险影响因素识别的 CBP-DEMATEL 模型，避免传统 DEMATEL 方法依赖专家打分过于主观的缺点。对港口危化品物流风险影响因素进行相似属性分类，并分析了港口危化品物流风险中的原因型和结果型影响因素，揭示了关键影响因素的分类对港口危化品物流风险产生的影响，为港口危化品物流风险评估的影响因素指标体系构建提供了基础。

（2）构建了港口危化品物流多维风险评估 WRT 模型

基于物理—事理—人理方法论（WSR）和风险识别、过滤和排序理论（RFRM）及情景构建理论（TSS），构建港口危化品物流的三维风险评估 WRT 模型。选取宁波—舟山港等 15 个重要的危化品吞吐港口 2007—2018 年的数据进行实证研究，对多维风险情景下物理层、事理层和人理层的耦合风险进行分析，通过剖析各风险情景下各风险因素之间的耦合关系，点面结合地刻画了港口危化品物流风险源和风险状态，展现港口危化品物流的整体风险和各港口的薄弱环节。WRT 模型从多维视角展示了港口危化品物流风险状态，为风险评估提供了一个多维全面的视角。

（3）构建了相关监管部门和港口危化品物流企业策略选择的演化博弈模型，为监管机制的设计提供建议

基于风险评估模型中风险影响因素事故发生率和事故严重程度对风险大小进行刻画，构建了考虑风险水平的相关监管部门和港口危化品物流企业双方的策略选择演化博弈模型，针对港口危化品事故中的监管失职等问题，采用复制动态方程研究监管中双方主体的博弈行为。通过分析双方的演化均衡策略，重点考虑不同风险水平和不同监管力度等因素对相关监管部门和港口危化品物流企业策略选择的影响。利用 MATLAB 软件进行仿真分析，结果表明港口危化品物流风险监管中存在“监管悖论”，为靶点监管提供了决策依据。

通过以上研究，得出如下结论：

（1）基于 CBP-DEMATEL 模型，识别了港口危化品物流风险影响因素

考虑传统 DEMATEL 方法的不足，为了更好地对港口危化品物流风险影响因素进行分类，以及研究不同影响因素对港口危化品物流风险的影响程度，构建 CBP-DEMATEL 模型对影响因素进行分析。根据聚类分析思想，对港口危化品物流风险影响因素进行分类，得到不同类别的影响因素。为了加深对港口危化品物流风险影响因素的认识，在分类的基础上对港口危化品物流风险影响因素进行分析。基于 BP 神经网络的非线性特点，构建连接权值矩阵，求解港口危化品物流风险影响因素各项指标之间的直

接关联矩阵，从而避免由专家打分获得直接连接矩阵过于主观的缺点，并达到要素识别的目的。利用 MATLAB 编程计算得到的识别结果，改进 CBP-DEMATEL 模型，丰富了研究港口危化品物流风险影响因素的方法，为提取关键影响因素提供了新思路。

(2)基于多维风险评估 WRT 模型，评估了港口危化品物流的多维风险

基于多维风险评估 WRT 模型，融合传统哲学思想并与实践相结合，通过物理—事理—人理方法论对港口危化品物流进行风险辨识和映射，利用风险过滤、排序和管理理论对风险因素进行双重标准过滤，得到关键风险因素，运用情景构建理论建立三维风险情景。以多维度和点面结合刻画风险演化过程，有效防范重大风险，同时抓住主要重点风险。通过整体风险和耦合风险分析，从整体上把握各港口的风险水平，并找到关键风险源，有利于港口整体风险把控和薄弱环节管理。

(3)基于演化博弈设计监管机制，避免“监管悖论”

为探讨港口危化品监管中存在的问题和影响监管的因素，构建了相关监管部门和港口危化品物流企业策略选择的演化博弈模型，建立复制动态方程，对港口危化品监管的稳定状态进行分析，并进行模型仿真。研究发现，港口危化品物流企业是否采取守法经营策略与其经营效益无关，而与其安全设施投入和事故发生造成的损失关系密切；相关监管部门是否采取严格监管策略，与其需要投入的监管成本和事故发生造成的损失以及对危化品物流企业违法经营的处罚相关。监管中存在“监管悖论”现象，即并非相关监管部门的监管力度或处罚力度大，就能一直使港口危化品物流企业选择守法经营策略。研究结论表明，有效监管是确保港口安全的关键一环，应以监管机制的改进带动整个港口危化品物流风险监管体制和系统的完善，确保港口安全发展。

7.2 展望

本书的相关研究尚存在一定局限性，接下来可从以下几方面展开深入

研究。

一是针对港口危化品物流风险影响因素的研究，采用改进 CBP-DEMATEL 模型对 15 个港口 2007—2018 年数据进行分析，得到风险影响因素及分类，为风险影响因素的识别提供了新思路。但随着新技术的出现，如大数据、物联网和区块链的应用，在港口危化品物流中可能产生新的风险因素。为此，应对风险因素进行更新，建立港口危化品物流风险影响因素数据库、丰富指标体系，以利于对港口危化品物流风险进行全面研究。另外，研究不同领域的影响因素时，需要结合实际情况，以获取更为准确的影响因素数据。

二是对港口危化品物流风险进行评估，构建了多维风险评估 WRT 模型，从 3 个维度展示了各港口的风险大小，并从风险耦合角度分析了风险叠加对港口危化品物流产生的影响，由点到面地展现了港口危化品物流的风险源和整体风险水平。但是通过对历史数据的统计分析，只研究了多维风险情景下 12 年的整体和部分风险水平。随着经济数据的更新，应进行更长时间的数据统计分析，以获得更为丰富有效的研究结论。

三是基于演化博弈模型构建了考虑风险水平和相关监管部门监管力度的博弈模型，并进行仿真分析，刻画了不同策略下政企双方的博弈演化规律。根据演化博弈模型的分析结果对港口危化品物流风险监管机制的设计提出了建议。在对监管策略进行研究时，从有限理性假设出发，构建了相关监管部门和港口危化品物流企业之间的策略选择演化博弈模型，并进行策略分析和仿真。但本书只研究了相关监管部门和港口危化品物流企业两方的策略选择演化博弈模型，在实际中，相关监管部门包括第三方评价机构、港口行政管理部门、各级交通部门等多个主体，应从多方博弈角度开展研究。

四是如何从港口相关事故的实际出发，找寻更多细节和现实原因，开展更多的从事故本身出发、勘察细节的研究，结合合适的风险评估方法和有效的管理手段，为风险把控和监管提供支持、防范重大事故、保障港口安全发展。

参考文献

[1] KAPLAN S., GARRICK B. J. On the quantitative definition of risk [J]. Risk Analysis, 2010, 1(1): 11-27.

[2] 王东. 国外风险管理理论研究综述[J]. 金融发展研究, 2011(2): 23-27.

[3] CHOW G., HEAVER T. D., HENRIKSSON L. E. Logistics performance[J]. International Journal of Physical Distribution & Logs Management, 2013, 24(1): 17-28.

[4] 罗云. 风险分析与安全评价[M]. 北京: 化学工业出版社, 2010: 68-73.

[5] HEINRICH H. W. Industrial accident prevention: A scientific approach [J]. Industrial & Labor Relations Review, 2011, 4(4): 609.

[6] LEEUWEN J. F. V., NAUTA M. J., KASTE D. D., et al. Risk analysis by FMEA as an element of analytical validation[J]. Journal Pharm Biomed Anal, 2009, 50(5): 1085-1087.

[7] ANDREWS J. D., DUNNETT S. J. Event-tree analysis using binary decision diagrams[J]. Reliability IEEE Transactions, 2000, 49(2): 230-238.

[8] YAN F., XU K. Methodology and case study of quantitative preliminary hazard analysis based on cloud model[J]. Journal of Loss Prevention in the Process Industries, 2019(60): 116-124.

[9] 徐辉. 蒙德法在液态烃罐区安全评价中的运用[J]. 工业安全与环保, 2005, 31(4): 45-49.

[10] 周麟璋, 雍岐东, 李斌, 等. 基于改进道化学指数法的野战油库

安全评估[J]. 安全与环境工程，2012，19(3)：70-72.

[11] HE S. H., ZHU H. H., FAN S. D., et al. Research on oil depot safety evaluation based on dow chemical fire and explosion index assessment method[J]. Advanced Materials Research, 2013(748)：1256-1261.

[12] LI J. M., QI J., SUN M., et al. The calculation of risk of hazardous gaseous emission of chemical tankers based on plume model[J]. Advanced Materials Research, 2012(512-515)：2574-2579.

[13] 冷朋波，王群利，王爱红，等. 高斯烟羽扩散模型在化工装置突发煤气泄漏的环境健康风险评估中的应用[J]. 环境卫生学杂志，2013，3(3)：186-190.

[14] 开方明，马夏康，尹谢平，等. 油罐区泄漏及火灾危险危害评价[J]. 安全与环境学报，2004，4(3)：3-6.

[15] LEE W. S., GROSH D. L., TILLMAN F. A., et al. Fault tree analysis, methods, and applications a review[J]. IEEE Trans Reliability, 1985, 34(3)：194-203.

[16] 蔡康旭，易灿南，廖可兵，等. 电镀锌生产线 PHA-MES 危险性评价方法[J]. 中国安全科学学报，2006，16(8)：100-105.

[17] 朱渊岳，付学华，李克荣，等. 改进 LEC 法在水利水电工程建设期危险源评价中的应用[J]. 中国安全生产科学技术，2009，5(4)：51-54.

[18] FRIEDMAN D. Evolutionary game in economics[J]. Econometrica, 1991, 59(3)：637-666.

[19] ROCA C. P., JOSé A., CUESTA A. S. Evolutionary game theory: Temporal and spatial effects beyond replicator dynamics[J]. Physics of Life Reviews, 2009, 6(4)：208-249.

[20] CHEN F., CHEN H., GUO D., et al. How to achieve a cooperative mechanism of MSW source separation among individuals—An analysis based on evolutionary game theory[J]. Journal of Cleaner Production, 2018, 195(10)：521-531.

[21] GUO S. Environmental options of local governments for regional air pollution joint control: Application of evolutionary game theory[J]. Economic and Political Studies, 2016, 4(3): 238-257.

[22] LIANG D., LI H., YANG G., et al. A discrete two-level model for charge pricing of electric vehicles based on evolution game theory[J]. Journal of Difference Equations and Applications, 2017, 23(1): 386-400.

[23] KHALIFA N. B., EL-AZOUZI R., HAYEL Y., et al. Evolutionary games in interacting communities[J]. Dynamic Games and Applications, 2016, 7(2): 1-26.

[24] PLTKOWSKI T. Evolutionary coalitional games[J]. Dynamic Games and Applications, 2015, 6(3): 396-408.

[25] SEREDYNSKI M., BOUVRY P. Analysing the development of cooperation in MANETs using evolutionary game theory[J]. The Journal of Supercomputing, 2013, 63(3): 854-870.

[26] 徐超，周宗放. 中小企业联保贷款信用行为演化博弈仿真研究[J]. 系统工程学报，2014，29(4): 477-486.

[27] CLEVELAND J., ACKLEH A. S. Evolutionary game theory on measure spaces: Well-posedness[J]. Nonlinear Analysis: Real World Applications, 2013, 14(1): 785-797.

[28] 李健，王雅洁，吴军，等. 零星危险化学品快递运输风险博弈分析[J]. 中国安全生产科学技术，2016，12(3): 108-114.

[29] TRIENEKENS J., ZUURBIER P. Quality and safety standards in the food industry, developments and challenges[J]. International Journal of Production Economics, 2008, 113(1): 107-122.

[30] OZKAN-CANBOLAT E., BERAHA A. Evolutionary knowledge games in social networks[J]. Journal of Business Research, 2016, 69(5): 1807-1811.

[31] 俞林，康灿华，王龙. 互联网金融监管博弈研究：以 P2P 网贷模式为例[J]. 南开经济研究，2015，185(5): 126-139.

[32] JI P., MA X., LI G. Developing green purchasing relationships for the manufacturing industry: An evolutionary game theory perspective[J]. International Journal of Production Economics, 2015(166): 155-162.

[33] 李智勇，刘任重．我国场外金融衍生品市场监管问题探讨[J]. 中国软科学，2009(10)：55-59.

[34] 张国兴，高晚霞，管欣．基于第三方监督的食品安全监管演化博弈模型[J]. 系统工程学报，2015，30(2)：153-164.

[35] 许民利，王俏，欧阳林寒．食品供应链中质量投入的演化博弈分析[J]. 中国管理科学，2012，20(5)：131-141.

[36] 何国华，杨之帆，周志凯．论风险投资的政府监管[J]. 中国软科学，2001(10)：15-19.

[37] 晚春东，秦志兵，丁志刚．消费替代、政府监管与食品质量安全风险分析[J]. 中国软科学，2017(1)：59-69.

[38] 曲国华，刘雪，李月娇，等．政府监管与企业加入第三方国际环境审计的模糊博弈分析[J]. 中国管理科学，2020，28(1)：113-121.

[39] 田彦清，杨振宏，李华，等．基于 ISM 和 AHP 的作业场所风险影响因素研究[J]. 中国安全科学学报，2011，21(1)：140-146.

[40] 宋泽明，宁凌．基于 DPSIR-TOPSIS 模型的我国沿海省份海洋资源环境承载力评价及障碍因素研究[J]. 生态经济，2020，36(8)：154-160，212.

[41] 苏青福，赵涛．生态工业园的风险识别与过滤研究[J]. 统计与决策，2012(1)：76-79.

[42] 张文德，李婵．数字图书馆知识产权风险识别研究[J]. 情报杂志，2011，30(3)：39-44.

[43] 樊晓一，乔建平，陈永波．层次分析法在典型滑坡危险度评价中的应用[J]. 自然灾害学报，2004(1)：73-77.

[44] 李洪伟，周德群，章玲．运用 DEMATEL 方法及交叉增援矩阵法对层次分析法的改进[J]. 统计与决策，2006(8)：10-11.

[45] 马跃，冉爱晶，朱方伟．基于 GRNN-DEMATEL 的工业化对信息

化促进效率影响因素分析[J]. 科研管理，2017，38(7)：153-160.

[46] 秦晓楠，卢小丽．基于BP-DEMATEL模型的沿海城市生态安全系统影响因素研究[J]. 管理评论，2015，27(5)：48-57.

[47] 崔强，徐鑫，匡海波．基于RM-DEMATEL的交通运输低碳化能力影响因素分析[J]. 管理评论，2018，30(1)：210-220.

[48] 苏涛永，张建慧，李金良，等．城市交通碳排放影响因素实证研究——来自京津沪渝面板数据的证据[J]. 工业工程与管理，2011，16(5)：134-138.

[49] 车诚，戚晓琳，马万祺，等．移动社交网络营销效果的影响因素实证研究[J]. 中国管理科学，2017，25(5)：145-149.

[50] 魏楚，沈满洪．能源效率及其影响因素：基于DEA的实证分析[J]. 管理世界，2007，167(8)：66-76.

[51] COWAN F. P., KUPER J. B. H. Exposure criteria for evaluating the public consequences of catastrophic accidents in large nuclear plants[J]. Health Physics, 1958, 1(1): 76-84.

[52] MÖLLER N. The concepts of risk and safety[M]. Handbook of Risk Theory, 2012.

[53] 周汝佳，张永战，何华春．基于土地利用变化的盐城海岸带生态风险评价[J]. 地理研究，2016，35(6)：1017-1028.

[54] 康鹏，陈卫平，王美娥．基于生态系统服务的生态风险评价研究进展[J]. 生态学报，2016，36(5)：1192-1203.

[55] 刘焱序，王仰麟，彭建，等．基于生态适应性循环三维框架的城市景观生态风险评价[J]. 地理学报，2015，70(7)：1052-1067.

[56] CHAKRABORTI D., RAHMAN M. M., AHAMED S., et al. Arsenic contamination of groundwater and its induced health effects in Shahpur block, Bhojpur district, Bihar state, India: risk evaluation[J]. Environmental Science and Pollution Research, 2016, 26(10): 9492-9504.

[57] 王兰化，李明明，张莺，等．华北地区某蔬菜基地土壤重金属污染特征及健康风险评价[J]. 地球学报，2014(2)：191-196.

[58] 唐荣莉，马克明，张育新，等. 北京城市道路灰尘重金属污染的健康风险评价[J]. 环境科学学报，2012，32(8)：2006-2015.

[59] 常静，刘敏，李先华，等. 上海地表灰尘重金属污染的健康风险评价[J]. 中国环境科学，2009，29(5)：548-554.

[60] SHI Y., WANG R., LU Y., et al. Regional multi-compartment ecological risk assessment: Establishing cadmium pollution risk in the northern Bohai Rim, China[J]. Environment International, 2016, 94(5): 283-291.

[61] DURMUSOGLU E., TASPINAR F., KARADEMIR A. Health risk assessment of BTEX emissions in the landfill environment[J]. Journal of Hazardous Materials, 2010, 176(1-3): 870-877.

[62] 方立兵，曾勇. 股市收益率高阶矩风险的产生机制检验[J]. 中国管理科学，2016，24(4)：27-36.

[63] 刘爱华，吴超. 基于复杂网络的灾害链风险评估方法的研究[J]. 系统工程理论与实践，2015，35(2)：466-472.

[64] 范厚明，崔文罡，温文华，等. 基于贝叶斯网络的船舶靠港装卸作业溢油风险评价[J]. 数学的实践与认识，2015，45(18)：51-61.

[65] ANIKWE M. A. N., ANTHONY-COOKEY D. D., IKENGANYIA E. E., et al. Ecological risk assessment in port harcourt jetty polluted by petroleum products spillage[J]. Indian Journal of Ecology, 2019, 46(2): 287-292.

[66] 毕军，王华东. 有害废物运输环境风险研究[J]. 中国环境科学，1995，15(4)：241-246.

[67] 张江华，朱道立. 危险化学品运输风险分析研究综述[J]. 中国安全科学学报，2007，17(3)：136-141，3.

[68] 帅斌，黄丽霞. 危险货物运输风险评估研究动态[J]. 中国安全科学学报，2014，24(7)：50-56.

[69] 赵来军，吴萍，许科. 我国危险化学品事故统计分析及对策研究[J]. 中国安全科学学报，2009，19(7)：165-170.

[70] 冯云晓，李健，江田汉，等. 基于"情景—任务—能力"的危险化学品事故应急准备能力评估——以S市某港口为例[J]. 中国安全生产科

学技术, 2018, 14(5): 5-11.

[71] 张敏, 杨超, 杨珺, 等. 危险品集成物流管理系统选址—选线模型研究[J]. 管理科学学报, 2008, 11(1): 59-67.

[72] HALL R., KNOFLACHER H., PONS P. Quantitative risk assessment model for dangerous goods transport through road tunnels[J]. Routes Roads, 2006(329): 86-93.

[73] 吴军, 王丹, 李健, 等. 基于强化学习的危化品运输路径选择博弈分析[J]. 系统工程理论与实践, 2015, 35(2): 388-393.

[74] GOERLANDT F., MONTEWKA J. A framework for risk analysis of maritime transportation systems: A case study for oil spill from tankers in a ship-ship collision[J]. Safety Science, 2015(76): 42-66.

[75] LEE B. K., LEE L. H., CHEW E. P. Analysis on container port capacity: A markovian modeling approach[J]. OR Spectrum, 2014, 36(2): 425-454.

[76] TALLEY W. K., MANW. N., MARSILLAC E. Port service chains and port performance evaluation[J]. Transportation Research Part E: Logistics and Transportation Review, 2014(69): 236-247.

[77] HAMDI S. E., MABROUK A., THOMAS B. A heuristic for the container stacking problem in automated maritime ports[J]. IFAC Proceedings Volumes, 2012, 45(6): 357-363.

[78] LEE D. H., CAO J. X., SHI Q., et al. A heuristic algorithm for yard truck scheduling and storage allocation problems [J]. Transportation Research Part E: Logistics and Transportation Review, 2009, 45 (5): 810-820.

[79] LANDQUIST H., ROSÉN L., LINDHE A., et al. A fault tree model to assess probability of contaminant discharge from shipwrecks[J]. Marine Pollution Bulletin, 2014, 88(1-2): 239-248.

[80] DAVID R. I., FABRIZIO R., REFIK S., et al. Advances in Bayesian decision making in reliability[J]. European Journal of Operational Research,

2020，282(1)：1-18.

[81] 陈亚强，穆龙新，翟光华，等. 海外油气项目多目标投资组合优化方法[J]. 系统工程理论与实践，2017，37(11)：3018-3024.

[82] 武佳倩，汤铃，李玲，等. 基于系统动力学的危险化学品水污染事件中城市供水危机应急策略研究——以2005年吉化爆炸引发哈尔滨水危机为例[J]. 系统工程理论与实践，2015，35(3)：677-686.

[83] SUDEEP B. Predicting risk perception：New insights from data science [J]. Management Science，2019，65(8)：3449-3947.

[84] WANG X. F.，XIE J. J.，LIU Y. H. RFID application in dangerous chemicals safety management[J]. Applied Mechanics and Materials，2012(198-199)：1261-1264.

[85] ZHANG J.，HODGSON J.，ERKUT E. Using GIS to assess the risks of hazardous materials transport in networks[J]. European Journal of Operational Research，2000，121(2)：316-329.

[86] MILAZZO M. F.，LISI R.，MASCHIO G.，et al. HazMat transport through messina town：From risk analysis suggestions for improving territorial safety[J]. Journal of Loss Prevention in the Process Industries，2002，15(5)：347-356.

[87] KARA B. Y.，ERKUT E.，VERTER V. Accurate calculation of hazardous materials transport risks[J]. Operations Research Letters，2003，31(4)：285-292.

[88] GANDY A.，VERAART L. A. M. A Bayesian methodology for systemic risk assessment in financial networks[J]. Management Science，2017，63(12)：3999-4446.

[89] BONSALL S. B.，HOLZMAN E. R.，MILLER B. P. Managerial ability and credit risk assessment[J]. Management Science，2017，63(5)：1271-1656.

[90] SHAHRZAD F. A.，ALP A. A.，YING Z. A.，et al. A group risk assessment approach for the selection of pharmaceutical product shipping lanes[J].

International Journal of Production Economics, 2020(229): 10774-10780.

[91] SOHN J. W., CORDERO A. M., LEWIS A. Different sources, different responses? How local sociopolitical pressures affect risk assessment[J]. Administrative Science Quarterly, 2019(1): 17927-17945.

[92] THEEKE M. Innovation and external risk assessments[J]. Academy of Management Proceedings, 2013(1): 132-145.

[93] MISHRA H., MISHRA A., MORENO O. Bias in spatial risk assessment[J]. Management Science, 2015, 61(4): 707-929.

[94] LEDWOCH A., YASARCAN H., BRINTRUP A. The moderating impact of supply network topology on the effectiveness of risk management[J]. International Journal of Production Economics, 2018, 197(MAR.): 13-26.

[95] QAZI A., DICKSON A., QUIGLEY J., et al. Supply chain risk network management: A Bayesian belief network and expected utility based approach for managing supply chain risks[J]. International Journal of Production Economics, 2018, 196(FEB.): 24-42.

[96] MUNIR M., JAJJA M. S. S., CHATHA K. A., et al. Supply chain risk management and operational performance: The enabling role of supply chain integration[J]. International Journal of Production Economics, 2020(227): 107667-107687.

[97] 刘学君，卢浩，李京，等. 基于分布式测温的危化品立库火灾定位系统[J]. 控制工程, 2020(7): 1175-1179.

[98] 戴波，林双双，张岩，等. 基于改进离散粒子群算法的危化品仓库垛位布局优化研究[J]. 大连理工大学学报, 2020, 60(3): 285-292.

[99] 刘学君，魏宇晨，袁碧贤，等. 危化品仓储中激光测距的自适应分层聚类去噪算法研究[J]. 计算机科学, 2018, 45(S2): 208-211, 217.

[100] 戴波，周泽彧，安海洋，等. 基于虚拟力的危化品仓储堆垛定位校正算法[J]. 中国安全生产科学技术, 2018, 14(3): 65-71.

[101] 辛春林，孟佳，张建文，等. 危险品运输路径优化问题研究综述[J]. 中国安全科学学报, 2018, 28(3): 102-107.

［102］辛春林，冯倩茹，张建文．危险品配送选址——多式联运路径优化［J］．中国安全科学学报，2016，26(9)：73-78.

［103］袁文燕，徐腾飞，杨丰梅，等．基于新风险度量方式的危险品车辆路径双目标优化模型［J］．数学的实践与认识，2016，46（14）：275-284.

［104］余乐安，李玲，武佳倩，等．基于系统动力学的危化品水污染突发事件中网络舆情危机应急策略研究［J］．系统工程理论与实践，2015，35(10)：2687-2697.

［105］ELLIS J. Undeclared dangerous goods-risk implications for maritime transport［J］. WMU Journal of Maritime Affairs，2010，9(1)：5-27.

［106］CAMP J. S.，LEBOEUF E. J.，ABKOWITZ M. D. Application of an enhanced spill management information system to inland waterways［J］. Journal of Hazardous Materials，2010，175(1-3)：583-592.

［107］熊立春，陈建宏，杨立兵，等．危化品安全监管电子政务系统的设计研究［J］．安全与环境学报，2010，10(3)：134-137.

［108］BU Q. M.，WANG Z. J.，TONG X. Research on cause analysis and safety management for road transportation accidents of dangerous chemicals［J］. Applied Mechanics and Materials，2013(361-363)：2282-2286.

［109］EVERITT B. Cluster analysis［J］. Quality and Quantity，1980，14(1)：75-100.

［110］JAIN A. K.，DUBES R. C. Algorithms for clustering data［J］. Journal of Statistical Planning and Inference，1988，32(2)：227-229.

［111］周涛，陆惠玲．数据挖掘中聚类算法研究进展［J］．计算机工程与应用，2012，48(12)：100-111.

［112］孙吉贵，刘杰，赵连宇．聚类算法研究［J］．软件学报，2008，19(1)：48-61.

［113］LAKNER P. Optimal trading strategy for an investor：The case of partial information［J］. Stochastic Processes and Their Applications，1998，76(1)：77-97.

［114］杨淑娥，黄礼．基于BP神经网络的上市公司财务预警模型［J］．系统工程理论与实践，2005，25(1)：12-18，26.

［115］戴文战．基于三层BP网络的多指标综合评估方法及应用［J］．系统工程理论与实践，1999，19(5)：29-34.

［116］崔强，武春友，匡海波．BP-DEMATEL在空港竞争力影响因素识别中的应用［J］．系统工程理论与实践，2013，33(6)：1471-1478.

［117］黄智洵，王飞飞，曹文志．长江经济带生态文明水平影响因素探析及预测——基于VAR、GWR-BP神经网络组合模型［J］．经济地理，2020，40(3)：196-206.

［118］潘雨红，詹翌，马旭．基于DEMATEL-BP的装配式住宅预制构件供应商选择的影响因素识别［J］．数学的实践与认识，2017，47(9)：22-34.

［119］成全，杨碧丽，许华斌，等．原始性创新环境影响因素研究——基于BP-DEMATEL模型的实证［J］．科学学研究，2016，34(4)：591-600.

［120］左远龙，黄玉水，杨晓辉，等．基于PFA-MBAS-BP神经网络模型的光伏发电短期预测［J］．电力系统保护与控制，2020，48(15)：84-91.

［121］马创涛，邵景峰．烟花算法改进BP神经网络预测模型及其应用［J］．控制工程，2020，27(8)：1324-1331.

［122］李松，刘力军，翟曼．改进粒子群算法优化BP神经网络的短时交通流预测［J］．系统工程理论与实践，2012，32(9)：2045-2049.

［123］朱庆锋，徐中平，王力．基于模糊综合评价法和BP神经网络法的企业控制活动评价及比较分析［J］．管理评论，2013，25(8)：113-123.

［124］程波，贾国柱．改进AHP-BP神经网络算法研究——以建筑企业循环经济评价为例［J］．管理评论，2015，27(1)：36-47.

［125］任宏，马先睿，刘华兵．基于GA-BP神经网络的巨项目投入评价的改进研究［J］．系统工程理论与实践，2015，35(6)：1474-1481.

［126］刘曙光，郑崇勋，刘明远．前馈神经网络中的反向传播算法及

其改进：进展与展望[J]. 计算机科学，1996(1)：76-79.

[127] 赵燕伟，任设东，陈尉刚，等. 基于改进 BP 神经网络的可拓分类器构建[J]. 计算机集成制造系统，2015，21(10)：2807-2815.

[128] 武大硕，张传雷，陈佳，等. 基于遗传算法改进 LSTM 神经网络股指预测分析[J]. 计算机应用研究，2020，37(S1)：86-87，107.

[129] 都月，孟晓辰，祝连庆. 遗传算法和神经网络的重叠光谱解析[J]. 光谱学与光谱分析，2020，40(7)：2066-2072.

[130] DING S.，SU C.，YU J. An optimizing BP neural network algorithm based on genetic algorithm[J]. Artificial Intelligence Review，2011，36(2)：153-162.

[131] LIU L.，WEI F.，ZHOU S. Major project risk assessment method based on BP neural network[J]. Discrete & Continuous Dynamical Systems，2018，12(4)：1053-1064.

[132] TZENG G. H.，CHIANG C. H.，LI C. W. Evaluating intertwined effects in e-learning programs：A novel hybrid MCDM model based on factor analysis and DEMATEL[J]. Expert Systems with Applications，2007，32(4)：1028-1044.

[133] 孙永河，韩玮，段万春. 复杂系统 DEMATEL 算法研究进展评述[J]. 控制与决策，2017，32(3)：385-392.

[134] ALTUNTAS S.，DERELI T. A novel approach based on DEMATEL method and patent citation analysis for prioritizing a portfolio of investment projects[J]. Expert Systems with Applications，2015，42(3)：1003-1012.

[135] SHAIK M. N.，ABDUL-KADER W. Comprehensive performance measurement and causal-effect decision making model for reverse logistics enterprise[J]. Computers & Industrial Engineering，2014(68)：87-103.

[136] HSU C. W.，KUO T. C.，CHEN S. H.，et al. Using DEMATEL to develop a carbon management model of supplier selection in green supply chain management[J]. Journal of Cleaner Production，2013，56(1)：164-172.

[137] WU H. H.，TSAI Y. N. A DEMATEL method to evaluate the causal

relations among the criteria in auto spare parts industry[J]. Applied Mathematics and Computation, 2011, 218(5): 2334-2342.

[138] 武春友，陈兴红，匡海波．基于 Rough-DEMATEL 的企业绿色增长模式影响因素识别[J]. 管理评论，2014，26(8)：74-81.

[139] 张艳丰，李贺，彭丽徽，等．高校图书馆微信公众平台的媒介引力场模型及其影响因素——基于 DEMATEL 系统因素分析的大众传播视角[J]. 图书情报工作，2017，61(9)：5-13.

[140] Organization of Economic Cooperation and Development. OECD core set of indicators for environmental performance review[M]. Paris: Environmental Monograph, OECD, 1993.

[141] 包蕊，邱莎，唐明方，等．基于 DPSIR 模型的锡林郭勒盟生态承载力评价[J]. 生态经济，2020，36(8)：139-145.

[142] 张凤太，王腊春，苏维词．基于物元分析——DPSIR 概念模型的重庆土地生态安全评价[J]. 中国环境科学，2016，36(10)：3126-3134.

[143] 张力，陈文，蒋建军．基于 DPSIR 和 BP 神经网络的安全绩效评估模型[J]. 中国安全科学学报，2014，24(12)：76-82.

[144] 邵超峰，鞠美庭，何迎，等．基于 DPSIR 模型的生态港口指标体系研究[J]. 海洋环境科学，2009，28(3)：333-337.

[145] 邵超峰，鞠美庭．基于 DPSIR 模型的低碳城市指标体系研究[J]. 生态经济，2010(10)：95-99.

[146] 赵丽艳．物理—事理—人理(WSR)系统方法论及其在评价中的应用[C]. 北京：中国系统工程学会，1997.

[147] 赵丽艳，顾基发．东西方评价方法论对比研究[J]. 管理科学学报，2000，3(1)：87-93.

[148] LAMBERT J. H., LING C. W., Haimes Y. Y. Remediation site prioritization by the risk ranking and filtering method[C]. Risk-based Decision Making in Water Resources, 2015.

[149] YACOVY., HAIMES, KAPLAN S., et al. Risk filtering, ranking, and management framework using hierarchical holographic modeling[J]. Risk

Analysis, 2002, 22(2): 383-397.

[150] DOLEZAL T., HAIMES Y. Y., LI D. Water infrastructure risk ranking and filtering method[C]. Risk-based Decision Making in Water Resources, 2010.

[151] 刘家国，崔进，周欢，等．基于 HHM-RFRM 的船舶航行风险评估方法研究[J]. 中国管理科学，2019，27(5)：174-183.

[152] 洪亚斌，上官绪智，邢积超，等．基于 RFRM 的军事演习风险分析研究[J]. 军事运筹与系统工程，2018，32(4)：73-78.

[153] JIANG Q., WANG T., WANG Z., et al. HHM and RFRM based water resource system risk identification[J]. Water Resources Management, 2018, 32(12): 4045-4061.

[154] HAIMES Y. Y. Risk modeling assessment and management[M]. Xi'an: Xi'an Jiaotong University Press, 2007: 86-88.

[155] MATALAS N. C., FIERING M. B. Water-resource systems planning [M]// National Academy of Sciences. Study in Geophsics: Climate, climatic change and water supply. Washington DC: National Academy Press, 1977.

[156] KAPLAN S., HAIMES Y. Y., GARRICK B. J. Fitting hierarchical holographic modeling into the theory of scenario structuring and a resulting refinement to the quantitative definition of risk[J]. Risk Analysis an Official Publication of the Society for Risk Analysis, 2001, 21(5): 807.

[157] 周欢，刘家国，王晓烨，等．基于 WRT 方法的港口危化品物流风险评估研究[J]. 系统工程理论与实践，2020，40(8)：2051-2064.

[158] 饶文利，罗年学．台风风暴潮情景构建与时空推演[J]. 地球信息科学学报，2020，22(2)：187-197.

[159] NAZARKO J., KONONIUK A. The critical analysis of scenario construction in the polish foresight initiatives[J]. Technological and Economic Development of Economy, 2013, 19(3): 510-532.

[160] GILBER A. L. Using multiple scenario analysis to map the competitive futurescape: A practice-based perspective[J]. Competitive Intelligence Review, 2001, 11(2): 12-19.

[161] TUGNOLIA A., GYENES Z., VANWIJK L., et al. Reference criteria for the identification of accident scenarios in the framework of land use planning[J]. Journal of Loss Prevention in the Process Industries, 2013, 26(4): 614-627.

[162] CHANG M. S., TSENG Y. L., CHEN J. W. A scenario planning approach for the flood emergency logistics preparation problem under uncertainty [J]. Transportion Research Part E: Logistics and Transportion Review, 2007, 43(6): 737-754.

[163] 宋英华，刘含笑，蒋新宇，等. 基于知识元与贝叶斯网络的食品安全事故情景推演研究[J]. 情报学报，2018，37(7)：712-720.

[164] 王永明. 事故灾难类重大突发事件情景构建概念模型[J]. 中国安全生产科学技术，2016，12(2)：5-8.

[165] 吴倩，谈伟，盖文妹. 基于动态贝叶斯网络的民航突发事件情景分析研究[J]. 中国安全生产科学技术，2016，12(3)：169-174.

[166] 孙超，钟少波，邓羽. 基于暴雨内涝灾害情景推演的北京市应急救援方案评估与决策优化[J]. 地理学报，2017，72(5)：804-816.

[167] 王循庆，李勇建，孙晓羽. 基于演化博弈的危化品安全监管情景推演研究[J]. 中国安全生产科学技术，2017，13(1)：115-121.

[168] 张磊，王延章，陈雪龙. 基于知识元的非常规突发事件情景模糊推演方法[J]. 系统工程学报，2016，31(6)：729-738.

[169] 张承伟，李建伟，陈雪龙. 基于知识元的突发事件情景建模[J]. 情报杂志，2012，31(7)：11-15.

[170] FU G., CAO J. L., ZHOU L., et al. Comparative study of HFACS and the 24Model accident causation models[J]. Petroleum Ence, 2017(3): 114-122.

[171] 韩伯棠，李强，张彩波，等. 熵权法优属度矢量模型与高新区发展评价[J]. 中国管理科学，2005，13(3)：144-148.

[172] PEARL J. Probabilistic reasoning in intelligent systems: Networks of plausible inference [J]. Computer Science Artificial Intelligence, 1988, 70

(2)：1022-1027.

[173] CHENG J., GREINER R., KELLY J., et al. Learning Bayesian networks from data: An information-theory based approach[J]. Artificial Intelligence, 2002, 137(1-2): 43-90.

[174] SINGH M., VALTORTA M. Construction of Bayesian network structures from data: A brief survey and an efficient algorithm[J]. International Journal of Approximate Reasoning, 1995, 12(2): 111-131.

[175] 董学军，杜建洲．基于证据合成与贝叶斯网络推理的航天器发射风险评估模型[J]. 系统工程理论与实践，2019，39(8)：2170-2178.

[176] 何辉，周娜，张瑞明．数据缺失下逆瑞利分布可靠度的贝叶斯估计[J]. 统计与决策，2015(10)：69-71.

[177] 赵岩，徐建华．我国石油化工行业事故风险分析[J]. 北京大学学报(自然科学版)，2018，54(4)：857-864.

[178] 姜雯，宋文华，刘阳．基于可拓层次分析法的石化企业重大危险源安全评估[J]. 南开大学学报(自然科学版)，2018，51(2)：92-100.

[179] 宋之杰，郭燕平，崔冬初．地方政府监管与稀土上游企业的演化博弈分析[J]. 科研管理，2014，35(8)：145-152.

[180] 曹裕，余振宇，万光羽．新媒体环境下政府与企业在食品掺假中的演化博弈研究[J]. 中国管理科学，2017，25(6)：179-187.

[181] 刘德海．群体性突发事件中政府机会主义行为的演化博弈分析[J]. 中国管理科学，2010，18(1)：175-183.

[182] 刘家国，周欢，王军进，等．演化博弈视角下的港口危化品监管机制研究[J]. 哈尔滨工程大学学报，2019，40(3)：628-633.

[183] 刘家国，王军进，周欢，等．基于风险等级的港口危化品监管问题研究[J]. 系统工程理论与实践，2018，38(5)：1141-1152.

索 引

M

P

R

S

T

W

X

Y

Z